LES BELLES CHOSES

Hunter Biden

LES BELLES CHOSES

Traduit de l'anglais (États-Unis)
par Sabine Porte

Albin Michel

Édition originale américaine parue sous le titre :
BEAUTIFUL THINGS

Chez Gallery Books, une marque de Simon & Schuster, Inc., New York

À ma famille

Le curieux sentiment
l'envahit
que tout
était
beau
ici,
que ce serait
toujours beau
ici.

Charles Bukowski,
« Nirvana »

PROLOGUE

« Où est Hunter ? »

Lorsque, en novembre 2019, j'ai commencé à écrire ce livre dans le calme relatif de mon bureau, chez moi, j'étais au cœur d'une tempête médiatique dont les retombées pouvaient changer le cours de l'histoire.

Le président des États-Unis me calomniait quasiment tous les jours sur la pelouse sud de la Maison Blanche. Dans les meetings, il brandissait mon nom pour exciter sa base. Après le « Enfermez-la » désignant Hillary Clinton, son nouveau leitmotiv était : « Où est Hunter ? » On pouvait même acheter un tee-shirt « Où est Hunter ? » sur son site de campagne – 25 dollars, du S au XXXL.

Peu après qu'il eut ajouté ce cri de ralliement à son répertoire, des partisans arborant des casquettes MAGA [Make America Great Again] rouge sang sont apparus devant le portail de la maison de Los Angeles que je louais avec ma femme Melissa, alors enceinte de cinq mois. Ils braillaient dans leur mégaphone et agitaient des affiches où j'étais caricaturé sous les traits du personnage de *Où est Charlie ?*. Nous étions suivis en voiture par des casquettes rouges et des photographes. Nous avons appelé la police pour les chasser et certains de nos voisins ont fait de même. Mais les menaces – dont un message envoyé à l'une de mes filles au lycée, l'avertissant qu'ils savaient où j'habitais – nous ont forcés à chercher un endroit plus sûr. Melissa était terrifiée – pour elle, pour nous, pour notre bébé.

Je suis devenu un dérivatif à la peur de Donald Trump de ne pas être réélu. Il soutenait des théories conspirationnistes déjà invalidées sur mes activités en Ukraine et en Chine, alors même que ses enfants avaient empoché des millions de dollars en Chine et en Russie et que son ancien directeur de campagne était en prison pour avoir blanchi d'autres millions provenant d'Ukraine. Et tout cela au moment précis où la diplomatie parallèle conduite par son avocat personnel Rudy Giuliani éclatait au grand jour.

C'était une tactique relativement prévisible, tout droit sortie du manuel de stratégie de son maître en pratiques occultes Roy Cohn, le grand sorcier du maccarthysme. Je m'attendais à ce que le Président m'attaque bien plus tôt et de façon bien plus personnelle pour exploiter les démons et les addictions dont j'ai souffert pendant des années. Au début du moins, il a confié ces manœuvres à ses trolls. Un matin, alors que je travaillais à ce livre, j'ai levé la tête et vu à la télévision Matt Gaetz, représentant de Floride et soutien de Trump, lire un extrait d'un magazine évoquant ma dépendance en pleine séance de commission judiciaire de la Chambre des représentants sur les articles de mise en accusation. « Loin de moi l'idée de traiter à la légère les problèmes d'addiction de quiconque, disait Gaetz en ricanant devant les caméras, traitant précisément à la légère mes problèmes d'addiction. Encore une fois, je ne porte aucun jugement sur les difficultés que quelqu'un peut rencontrer dans sa vie privée », poursuivait-il en portant bel et bien un jugement sur ma vie privée. Et cela de la part d'un homme qui avait été arrêté pour conduite en état d'ivresse au volant de la BMW de son père et avait vu ses charges mystérieusement abandonnées par la suite. Que ne ferait-on pas pour entretenir le filon de la téléréalité ?

Tout cela n'avait aucune importance dans ce climat politique orwellien sans queue ni tête. Trump croyait que s'il pouvait me détruire, et par conséquent détruire mon père, il pouvait venir à bout de n'importe quel candidat honnête des deux partis – tout en détournant l'attention de sa propre corruption.

« Où est Hunter ? »

Je suis là. J'ai survécu à bien pire. J'ai connu le sommet de la réussite et l'abîme de la déchéance. Entre ma maman et ma petite sœur mortes dans un accident de voiture quand j'avais deux ans, mon père qui a failli perdre la vie à la suite d'une rupture d'anévrisme puis d'une embolie quand il avait une quarantaine d'années, et mon frère qui a succombé à une terrible tumeur au cerveau, je viens d'une famille forgée par les tragédies et liée par un amour exceptionnel, indestructible.

Je ne m'en vais nulle part. Je ne suis ni une curiosité ni une simple attraction en marge d'un moment historique, comme tous les charges caricaturales s'efforcent de le faire croire. Je ne suis pas Billy Carter ou Roger Clinton, les pauvres. Je ne suis pas Eric Trump ou Donald Trump Jr – je n'ai jamais travaillé pour mon père, je ne dois mon ascension et ma chute qu'à moi-même. Ce livre en témoignera.

Pour mémoire :

Je suis un père de cinquante et un ans qui a contribué à l'éducation de trois filles merveilleuses, dont deux sont à l'université et l'aînée a obtenu son diplôme de droit l'an dernier, et un fils aujourd'hui âgé d'un an.

J'ai été cadre dans l'une des plus grandes institutions financières du pays (qui a été acquise par la Bank of America), fondé des sociétés multinationales et travaillé comme avocat chez Boies Schiller Flexner, qui représente certaines des entreprises les plus importantes et les plus qualifiées au monde.

J'ai siégé au conseil d'administration d'Amtrak (où j'ai été nommé par le Président républicain George W. Bush) puis présidé celui de la branche américaine du Programme alimentaire mondial de l'ONU, la plus grande organisation humanitaire internationale de lutte contre la faim. Dans le cadre de cette mission bénévole pour le PAM, je me suis rendu dans des camps de réfugiés et des zones dévastées par des catastrophes naturelles partout sur la planète – en Syrie, au Kenya, aux Philippines. J'ai rencontré des familles traumatisées dans leurs logements de fortune construits avec des containers, puis je me suis adressé à des représentants du Congrès ou directement à des chefs d'État pour trouver le meilleur moyen d'apporter une aide vitale et rapide.

Avant cela, j'ai fait du lobbying pour des universités jésuites. J'ai contribué à obtenir des financements pour des cliniques dentaires mobiles dans les secteurs défavorisés de Detroit, des programmes de formation complémentaire pour les enseignants des quartiers défavorisés de Philadelphie et un centre psychiatrique pour les anciens combattants de Cincinnati invalides et frappés par la pauvreté.

En d'autres termes, j'ai travaillé sérieusement pour des gens sérieux. Il va de soi que mon nom m'a ouvert des portes, mais mes compétences et mon expérience professionnelle parlent d'elles-mêmes. Quant au fait que mes activités professionnelles aient pu déborder sur les sphères d'influence de mon père durant ses deux mandats, il aurait difficilement pu en être autrement. Ce que je n'avais pas imaginé, en revanche, c'est que Trump deviendrait Président et qu'une fois en poste il exercerait impunément sa vengeance dans son intérêt politique.

Nous sommes tous responsables.

Ce n'est pas tout :

Je suis un alcoolique et un toxicomane. J'ai acheté du crack dans les rues de Washington et j'en ai fabriqué dans un bungalow d'hôtel de Los Angeles. Il m'est arrivé d'avoir une telle envie de boire que je descendais m'acheter de l'alcool en bas de la rue et débouchais la bouteille sur le trottoir pour avaler une rasade sans pouvoir attendre d'être remonté dans mon appartement. Au cours des cinq dernières années, j'ai vu mon couple s'effondrer après vingt ans de mariage, je me suis retrouvé avec une arme braquée sur moi et j'ai même disparu des radars pendant quelque temps en vivant dans des motels Super 8 à 59 dollars la nuit en bordure de l'I-95, faisant peur à ma famille encore plus qu'à moi-même.

Cette descente aux enfers a commencé peu de temps après que Beau eut poussé son dernier soupir entre mes bras. Beau, mon frère, le meilleur ami que j'aie jamais eu et la personne que j'aimais le plus au monde. Nous nous parlions quasiment tous les jours. Depuis l'âge adulte, nous passions presque autant de temps à nous disputer qu'à rire ensemble, mais nous ne terminions jamais une conversation sans que l'un dise : « Je t'aime » et que l'autre réponde : « Moi aussi. »

Je ne me suis jamais senti aussi seul qu'après la mort de Beau. J'ai perdu tout espoir.

Depuis, j'ai émergé de ce gouffre sombre. Début 2019, une telle issue était encore impensable. Je n'aurais jamais pu guérir sans l'amour inconditionnel de mon père et celui, éternel, de mon frère, qui subsiste au-delà de sa mort.

L'amour qui nous lie, mon père, Beau et moi, est au cœur de ces mémoires. Un amour incroyablement profond, qui m'a permis d'aller de l'avant ces cinq dernières années, malgré mes démons personnels et la pression du monde extérieur, malgré la furie démentielle d'un Président.

Évidemment, c'est une histoire d'amour à la Biden, autrement dit une histoire complexe : tragique, humaine, émouvante, longue, lourde de conséquences et au bout du compte rédemptrice. Mon père a souvent dit que Beau était son âme et que j'étais son cœur. Cela dit à peu près tout.

J'ai souvent repensé à ces mots qui trouvaient un écho dans ma vie. Beau était aussi mon âme. J'ai appris qu'il est possible de continuer à vivre sans âme tant que notre cœur bat. Mais comment vivre quand on nous a arraché l'âme, quand elle est si anéantie qu'on se retrouve à acheter du crack en pleine nuit derrière une station-service de Nashville, Tennessee, ou à crever d'envie de vider les mignonnettes du minibar de sa chambre d'hôtel alors qu'on est en compagnie du roi de Jordanie dans son palais d'Amman – c'est une autre question.

Des millions de gens vivent l'enfer que j'ai connu ou bien pire encore. Leur situation peut être différente, leurs ressources bien moindres, mais la souffrance, la honte et le désespoir de la dépendance sont les mêmes pour tous. J'ai vécu dans des motels de crackers. « Ces gens-là », je les ai côtoyés, je les ai accompagnés, avec eux j'ai écumé les rues, je me suis explosé la tête. J'en ai gardé une immense empathie pour tous ceux qui tentent simplement de survivre, à chaque instant.

Et pourtant, alors même que j'étais dans les affres de la

dépendance, quand j'échouais dans les endroits les plus misérables, j'ai trouvé des choses extraordinaires. Des gens que la société considère comme intouchables ont fait preuve d'une grande générosité envers moi. J'ai compris que nous sommes tous liés par une même humanité, si ce n'est par un même Créateur.

Mon CV ne se prête guère à ce genre de confessions. J'en ai conscience, croyez-moi. Mais aussi désespéré, aussi dangereux, aussi dément qu'ait souvent été mon parcours, il a été jalonné de rencontres simples et inspirantes.

Je veux que ceux qui vivent encore dans le trou noir de l'alcoolisme et de la toxicomanie puissent se reconnaître dans ma détresse, et puiser de l'espoir dans ma délivrance, si tant est qu'elle soit définitive. Chacun de nous est seul face à sa dépendance. Quels que soient nos ressources, nos amis, notre famille, au bout du compte nous devons tous l'affronter seuls – pas à pas, jour après jour.

Je veux montrer avec sincérité et humilité, et non sans émerveillement, que l'amour des miens a été la seule défense efficace contre les démons auxquels j'étais confronté.

Cela n'a pas été facile d'écrire ce livre. Parfois il agissait comme une catharsis, à d'autres moments comme un détonateur. Combien de fois je me suis levé de mon bureau alors que j'étais en train d'évoquer les quatre ans que j'ai passés à errer dans la jungle de l'alcoolisme et de la dépendance au crack – des souvenirs si ahurissants, si perturbants ou encore si proches qu'ils ne pouvaient pas ne pas me laisser songeur. Il m'arrivait d'être littéralement saisi de tremblements, de crampes à l'estomac et de suées que je ne connaissais que trop.

Quand je travaillais sur les premiers chapitres, j'avais décroché depuis moins d'un an et le crack restait la première chose à laquelle je pensais le matin, au réveil. Tel un figurant fiévreux reconstituant une bataille, je reproduisais pas à pas avec une pitoyable minutie le rituel de la dépendance – sans la drogue et avec Melissa endormie à mes côtés. Je tendais le bras et cherchais à tâtons un caillou de crack sur la table de chevet. J'imaginais en trouver un, l'insérer dans le doseur, porter celui-ci à mes lèvres, l'allumer avec un briquet et être envahi d'une sensation de bien-être absolu. C'était si tentant, si attirant…

Puis je me ressaisissais. Melissa se réveillait et une nouvelle journée commençait, loin de tout cela. Mon père téléphonait d'une étape des primaires dans l'Iowa, au Texas ou en Pennsylvanie. Ma fille aînée appelait de la faculté de droit à New York pour savoir si j'avais lu la dissertation à laquelle elle m'avait demandé de jeter un œil. Dehors, un faucon tournoyait au-dessus du canyon, ensorcelant, provocant, magnifique, et je ne pensais qu'à Beau. Malgré tout le chemin parcouru, cette période sombre n'était jamais bien loin.

Voici le récit du voyage qui m'a mené jusqu'ici.

1

Dix-sept minutes

Nous avons débranché Beau des machines qui le maintenaient en vie en fin de matinée le 29 mai 2015. Il ne réagissait pas et respirait à peine. Les médecins de l'unité de soins intensifs du Walter Reed National Military Medical Center de Bethesda, dans le Maryland, nous ont dit qu'il décéderait quelques heures après l'extubation. Connaissant Beau, je savais qu'il tiendrait plus longtemps. Alors je suis resté au chevet de mon frère en lui tenant la main.

Une foule de membres de la famille était également là – vingt-quatre Biden qui entraient discrètement dans la chambre, ressortaient, erraient dans les couloirs de l'hôpital, attendaient.

La matinée s'est écoulée peu à peu, puis l'après-midi, puis la soirée et la nuit. Le soleil s'est levé, filtrant à peine à travers les stores baissés de la chambre. C'était un moment étrange, insoutenable : j'appelais d'une même prière un miracle et la fin des souffrances de Beau.

Les heures ont continué à s'égrener lentement. Je ne cessais de lui parler. Je lui chuchotais à l'oreille que je l'aimais. Je lui disais que je savais combien il m'aimait. Je lui disais que nous serions toujours ensemble, que rien ne pourrait jamais nous séparer. Je lui disais que j'étais fier de lui, de l'acharnement avec lequel il s'était battu tout au long des opérations, de la radiothérapie et de l'ultime intervention expérimentale consistant à lui injecter un virus modifié directement dans la tumeur – directement dans le cerveau.

Il n'avait aucune chance.

Il avait quarante-six ans.

Et pourtant, dès le diagnostic et durant ces multiples traitements, Beau n'a plus eu que ces mots à la bouche : les belles choses. Il m'assurait que lorsqu'il serait rétabli, on consacrerait notre vie à apprécier et cultiver la beauté infinie du monde. Les belles choses sont devenues un fourre-tout où se mêlaient des relations, des lieux, des moments. Quand ce serait fini, on ouvrirait un cabinet d'avocats où on ne travaillerait que sur de belles choses. On se balancerait dans les rocking-chairs de la véranda des parents en contemplant les belles choses qui s'offraient à nos yeux. On se réjouirait de voir la beauté de nos enfants et de notre famille s'affirmer chaque jour davantage.

Pour nous, cela signifiait poser un œil neuf sur la vie. On ne laisserait jamais plus la fatigue, la distraction, le cynisme, les obstacles imprévus que la vie pouvait dresser sur notre chemin nous empêcher de regarder, de voir, d'aimer.

« Je t'aime, je t'aime, je t'aime. » Je ne garde du moment le plus crucial de mon enfance qu'un souvenir fugace qui m'est soudain revenu un jour. Je ne sais pas au juste ce qui relève, dans cette scène, d'un mélange d'histoires familiales et d'informations que j'ai pu entendre ou lire au fil des années et de bribes de mémoire refoulées qui sont parvenues à remonter à la surface. Mais le souvenir est précis.

On est le 18 décembre 1972. Mon père vient d'être élu

sénateur dans le Delaware – il n'a pas encore trente ans et ce n'est que trois semaines plus tard qu'il atteindra l'âge requis pour pouvoir prêter serment en janvier. Ce jour-là, il est à Washington pour recruter sa nouvelle équipe. Ma mère, Neilia, belle, intelligente et comme lui à peine âgée de trente ans, nous a emmenés, moi, mon frère Beau et notre petite sœur Naomi acheter le sapin de Noël non loin de notre maison à rénover de Wilmington.

Beau a presque quatre ans. Moi, presque trois. Nous avons un an et un jour d'écart – nous sommes quasiment ce qu'on appelle des « jumeaux irlandais ».

Voilà ce qui me revient :

Je suis assis à l'arrière de notre break Chevrolet spacieux, juste derrière maman. Beau est à côté de moi, derrière Naomi, que nous surnommons tous les deux Caspy. Blanche, potelée, surgie treize mois plus tôt dans notre famille comme par enchantement, elle tient son surnom de notre personnage de dessin animé préféré, Casper le gentil fantôme. Elle dort à poings fermés, bien au chaud dans son couffin, à l'avant.

Soudain, je vois la tête de maman se tourner vers la droite. Je ne me souviens de rien d'autre, ni de son regard ni de l'expression de sa bouche. Elle pivote simplement la tête. Au même moment, mon frère plonge – ou est projeté – vers moi.

C'est tout. Ça a été rapide, violent, chaotique : alors que nous franchissions doucement un carrefour, notre voiture a été percutée de plein fouet par un semi-remorque chargé d'épis de maïs.

Maman et ma petite sœur ont été tuées presque sur le coup. Beau a été extrait de la carcasse avec une jambe cassée et une multitude d'autres blessures. Je souffrais d'une grave fracture du crâne.

Après, je me souviens m'être réveillé dans un hôpital à côté de Beau, qui était dans le lit voisin, couvert de bandages, en traction, l'air d'avoir été tabassé à la récréation. Il articulait inlassablement ces mots : « Je t'aime, je t'aime, je t'aime. »

C'est notre histoire fondatrice. Dès ces instants, qui sont parmi les tout premiers moments conscients de ma vie, Beau est devenu mon meilleur ami, mon âme sœur et mon guide.

Trois semaines plus tard, dans notre chambre d'hôpital, papa prêtait serment pour entrer au Sénat.

Beau avait une fille et un fils tout jeunes et en était à son deuxième mandat de procureur général du Delaware lorsque les médecins lui ont diagnostiqué un glioblastome multiforme – une tumeur au cerveau.

Elle couvait sans doute depuis au moins trois ans. À l'automne 2010, près d'un an après son retour d'Irak, Beau s'était mis à souffrir de maux de tête, d'engourdissement et de paralysie. À l'époque, les médecins avaient attribué ces symptômes à un AVC. Ensuite, on l'avait surveillé de près. Quelque chose n'allait pas. Beau racontait parfois en plaisantant à des amis qu'il entendait subitement de la musique. Mais je ne trouvais pas ça drôle : plutôt préoccupant. Il n'en avait pas conscience, mais avec le recul, je suis sûr que c'était la tumeur affectant une partie de son cerveau qui provoquait des hallucinations auditives – un amas de cellules touche un neurone qui à son tour stimule un autre neurone et soudain, dans le fond, on entend chanter Johnny Cash. C'est ce qu'il vivait.

Jusqu'à ce jour d'août 2013 où, dans la douceur d'un début de soirée, j'ai vu, horrifié, Beau faire une crise d'épilepsie à l'hôpital régional de Michigan City, Indiana. Cela confirmait que des forces plus inquiétantes étaient à l'œuvre. La veille,

Beau avait roulé onze heures depuis le Delaware avec sa femme et ses enfants pour venir comme chaque année passer les vacances avec nous au bord du lac Michigan, non loin de l'endroit où mon ex-femme, Kathleen, avait passé son enfance. J'étais arrivé le jour même dans notre maison de vacances après avoir passé le week-end à servir dans la réserve de l'US Navy à Norfolk, en Virginie, et je me changeais pour retrouver tout le monde chez le cousin de Kathleen, au bout de la rue, quand j'ai aperçu Beau qui remontait l'allée avec nos deux familles. Autour de lui, c'était la panique.

Beau assurait qu'il allait bien. Mais il était courbé, visiblement en difficulté, et tenait à peine debout. Nous l'avons conduit à l'hôpital local, où on s'apprêtait à lui faire passer une IRM quand il a eu cette crise d'épilepsie. C'était terrifiant, comme une scène tirée de *L'Exorciste*. La violence qui éclatait en lui s'exprimait par des convulsions et des spasmes ; on avait presque l'impression de voir l'orage se déchaîner dans son cerveau. Ça a duré une éternité. J'étais désemparé : j'aurais voulu absorber la souffrance de mon frère, mais je ne pouvais rien faire. Rien.

Quand l'orage est enfin passé, Beau a été transféré en urgence par hélicoptère au Northwestern Memorial Hospital de Chicago. Avec sa femme Hallie, nous l'avons suivi en voiture en roulant à une telle vitesse que nous avons mis à peine quarante minutes pour faire un trajet qui en prend habituellement soixante-dix. Quand nous sommes arrivés, Beau avait passé une IRM. Le médecin nous a montré les clichés.

J'étais soulagé. J'avais regardé tant de clichés du cerveau de Beau depuis son AVC que je croyais savoir exactement ce qui se passait. « C'est juste l'infarctus », ai-je dit en parlant de la partie du cerveau endommagée par l'AVC, qui apparaissait comme une ombre terne.

Le chirurgien, l'un des meilleurs du pays, a poussé un soupir compatissant. « Hunter, m'a-t-il dit d'un ton solennel, à mon avis c'est une tumeur.

– Impossible, ai-je insisté. C'est exactement… ça fait plus d'un an que je vois ces mêmes clichés. C'est là que s'est produit l'AVC – exactement là.

– Ça, je l'ignore, a dit le chirurgien. Mais ça ressemble à une tumeur. »

Nous avons fait transporter Beau au Thomas Jefferson University Hospital, à Philadelphie, près de chez nous. La tumeur a été confirmée. Quelques jours plus tard, nous avons pris l'avion tous les deux pour Houston afin de consulter un neurochirurgien du University of Texas MD Anderson Cancer Center.

Le glioblastome multiforme est une horreur d'une cruauté impitoyable. Les médecins ont dit à Beau que la première opération avait réussi et qu'ils avaient pu retirer toute la tumeur visible, mais qu'il avait le cancer le plus agressif qui soit – c'était le pire scénario. Personne ne lui a donné de chiffres – de pronostic précis –, mais une fois mon père et moi seuls avec le chirurgien, je lui ai demandé ce qu'il en était. Puis j'ai vérifié sur Internet que le taux de survie qu'il nous avait indiqué était exact : moins de 1 %. En général, l'espérance de vie après le diagnostic est de quatorze à dix-huit mois. Et parmi les patients qui vivent au-delà de cinq ans, rares sont ceux qui ont une qualité de vie jugée supportable.

C'était une condamnation à mort.

Je suis rapidement passé de l'incrédulité à la colère, persuadé que les médecins étaient passés à côté de la tumeur quand ils lui avaient diagnostiqué un AVC. S'ils l'avaient découverte plus tôt, l'issue aurait-elle été différente ? C'est une autre question à laquelle on ne peut pas répondre.

Avec Beau, nous nous sommes tous retrouvés dans la situation insoluble que vivent bon nombre de patients et leur famille face à un pronostic aussi sombre. Nous avons doublé la mise alors que la partie était presque certainement perdue d'avance. Par incapacité, par réticence, ou simplement par peur de faire autrement, nous avons adopté un optimisme combatif face à tous les traitements recommandés par les médecins de mon frère. Durant vingt et un mois, il a ainsi subi deux autres opérations majeures au cerveau, de la chimiothérapie et une radiothérapie agressive, et tout cela en vain.

Si c'était à refaire, je n'accepterais jamais de soumettre Beau au protocole habituel, en particulier aux rayons. Étant donné les chances infinitésimales qu'il avait de s'en sortir autrement que très diminué et les troubles que provoquait le traitement – difficulté à parler, incapacité à enfiler ses chaussures –, c'était presque barbare. Et pourtant, sur le moment, quand on est entre les mains de professionnels aussi brillants, dévoués, empathiques, la moindre chance, aussi infime soit-elle, semble en valoir la peine.

Notre ultime recours était une option à haut risque dont les bénéfices étaient incertains : l'injection dans son cerveau d'un agent biologique développé par un chercheur en cancérologie subventionné par le MD Anderson. Nous savions que les chances qu'il stoppe la progression de son cancer étaient minimes, mais nous espérions un miracle.

Espérer un miracle est un oxymore. Par définition, un esprit rationnel ne peut pas compter sur un miracle. Il faut donc maintenir obstinément une forme de cloisonnement pour tenir la raison à distance, alors même qu'on est plongé dans un univers où tout n'est que décisions calculées et rationnelles. Dans le cas de Beau, cela allait de la programmation de ses rendez-vous médicaux à la surveillance de son régime en passant par la question de savoir qui l'aiderait à s'habiller. Ces tâches banales n'ont pas tardé à s'accumuler, dressant un autel de fortune au mysticisme, à la magie, à l'inexplicable. Nous savions que cette intervention était le dernier recours – un véritable « Je vous salue, Marie ».

Les jours qui ont précédé cette ultime mesure désespérée, et la période relativement courte qui a suivi devaient être les derniers moments sublimes que j'ai passés avec mon frère.

Nous sommes partis tous les deux à Houston une semaine avant la dernière opération au MD Anderson. Nous avons pris une suite dans un hôtel situé à moins de deux kilomètres de l'hôpital et nous nous y sommes rendus à pied tous les jours pour la batterie d'examens et de traitements nécessaires. Mon père et Jill devaient arriver le jour de l'intervention.

Beau était si diminué que je devais lui enfiler ses chaussettes et ses chaussures et l'aider pour aller aux toilettes ou prendre une douche. Peu après notre arrivée à Houston, nous nous sommes disputés quand j'ai téléchargé sur son portable une application pour lui permettre de mieux réguler sa respiration qui était inégale. Il s'en est voulu parce qu'il s'y prenait mal, puis il a cru que je lui en voulais, moi. J'étais anéanti de devoir le convaincre que ce n'était pas le cas : voir mon frère incapable d'apprendre simplement à respirer en suivant des instructions m'accablait de tristesse.

Cette semaine-là, nous avons alterné entre des moments où

nous prenions tranquillement notre mal en patience et d'autres où nous riions de la moindre bêtise. Nous avons évité les conversations pesantes, les et-si-c'était-la-fin ; nous n'avons rien fait qui puisse compromettre l'intervention ; nous n'avons pris aucune disposition en cas de malheur. Nous savions tous les deux d'instinct ce qu'il fallait faire. Beau refusait de se préparer au pire. Et nous suivions tous son exemple.

Comme toujours, notre père appelait constamment, demandant si ça allait et s'il pouvait faire quelque chose, à quoi je répondais invariablement oui à la première question et non à la seconde. Il en déduisait ce qu'il voulait savoir : dans les moments critiques comme celui-là, Beau, lui et moi pouvions communiquer sur une sorte de fréquence non verbale que d'autres épreuves et tragédies nous avaient permis de développer. Si j'en disais plus, je risquais de rompre le charme et de nous entraîner là où aucun de nous ne voulait aller.

Ce n'est pas que nous considérions les choses de façon irréaliste – mais pour le moment ces considérations n'avaient pas besoin d'être formulées. Ce n'est pas que j'ignorais ce que Beau voulait que je fasse ou ce que je devais faire. Ce n'est pas qu'il avait des réponses qui m'échappaient ou l'inverse.

Ce dont nous discutions, en revanche, c'était la façon de gérer sa candidature au poste de gouverneur du Delaware après l'opération. Les Biden ont la politique dans le sang. Le mandat du gouverneur démocrate arrivait à son terme et Beau avait annoncé l'année précédente qu'il ne briguerait pas un nouveau mandat de procureur général pour pouvoir se concentrer sur l'élection au poste de gouverneur. Cette décision inhabituelle de quitter des fonctions publiques pour briguer un autre poste deux ans plus tard alimentait des spéculations sur sa santé. Nous étions tous conscients des statistiques de survie dans son cas, mais Beau abordait la chose comme si les traitements allaient fonctionner et nous faisions tous de même – qu'importe le pronostic.

Toute la semaine, nous sommes restés plus qu'optimistes. Pour Beau, cet état d'esprit dépassait la simple superstition. Il allait tous les jours à l'hôpital comme un pèlerin se rendant dans un lieu saint, convaincu que cela ne pouvait être que bénéfique – qu'il pouvait vraiment guérir. Les médecins et les soignants, que nous connaissions presque tous pour les avoir rencontrés lors des deux opérations précédentes, étaient quasiment devenus des saints capables d'accomplir des miracles.

Je me souviens en particulier de la fascination que lui inspirait l'anesthésiste, un type formidable qui avait des yeux bleus incroyablement perçants – du même bleu, en fait, que ceux de mon frère. Il intriguait Beau, qui parlait sans cesse de l'effet calmant que ses yeux avaient sur lui. C'étaient les dernières choses qu'il avait vues avant le début de ses deux craniectomies et les premières dont il avait pris conscience à son réveil. C'était le même anesthésiste qui le sédatait avant les IRM, car Beau était claustrophobe. À les voir tous les deux plongés dans les lacs bleu profond du regard l'un de l'autre, ils semblaient se comprendre sans rien dire.

Quand on rentrait à l'hôtel, on riait des mêmes choses qu'avant. Je m'allongeais à côté de lui sur le lit pour regarder des films et des séries sur mon ordinateur jusqu'à ce qu'il s'endorme. On enchaînait les épisodes de *Larry et son nombril* et de *Kenny Powers*, deux de ses séries préférées, qui jouaient sur l'humour délirant dont il était fan. Malgré tout, il riait un peu moins que d'habitude, ne s'amusait pas autant. Il avait du mal à suivre l'intrigue et s'en désintéressait au bout d'un moment.

On ne sortait pas beaucoup de la chambre – parfois, on dînait au restaurant de l'hôtel ; un soir, on est allés voir un film ; une autre fois, deux amis de Beau lui ont fait une visite-surprise. Un après-midi, nous nous sommes aventurés dans une boutique western du quartier. Cela faisait plaisir de voir resurgir l'humour de Beau. Il a choisi deux chemises rouge pétard – elles avaient des boutons-pressions, ce qui lui permettait de les enfiler plus facilement tout seul – qu'il a assorties d'un nouveau jean. J'ai essayé de le convaincre de s'acheter un chapeau de cow-boy, mais il ne s'est pas fait avoir. Il n'était pas atteint à ce point-là. C'est moi qui me le suis offert.

J'ai adoré cette semaine. Avec le recul, j'y vois avant tout un rite que nous avons accompli pour nous préparer à l'inéluctable.

Au début, tout semblait aller bien. Nous n'avions pas encore eu le compte rendu du médecin qui l'avait opéré, mais en salle de réveil Beau était bavard et de bonne humeur. Nous sommes restés un moment auprès de lui, les parents et moi, ficelés dans des blouses stériles. Puis ils m'ont laissé seul avec mon frère pour se rendre dans une salle de réunion, un peu plus loin, sous l'œil des agents du Secret Service qui étaient postés dans tout le bâtiment.

Depuis un an, j'avais passé tellement de temps dans des chambres d'hôpital avec Beau qu'en voyant un chiffre clignoter sur un moniteur, j'ai tout de suite su qu'il y avait un problème. Je ne sais plus à quel paramètre il correspondait, mais je me souviens qu'il était bien trop élevé. Le chirurgien l'a vu dès qu'il est entré. Il a rougi, visiblement inquiet, et m'a fait signe de le suivre à l'extérieur.

Dans le couloir, il m'a dit qu'il était préoccupé.

Techniquement, c'était une opération délicate qui consistait à enfoncer une aiguille à la base du crâne et la faire passer à travers le cerveau pour injecter le virus dans la tumeur. Le moindre écart en traversant les tissus pouvait endommager un élément essentiel du cerveau. Il avait peur, pour reprendre ses termes, d'avoir « coupé là où je n'aurais pas dû ». Il voulait faire immédiatement le point avec ses confrères.

Pendant que nous l'attendions, Beau n'a pas arrêté de me demander s'il y avait un problème. Je lui ai dit que ce n'était rien, que le médecin n'allait pas tarder à revenir.

Cinq minutes se sont écoulées. Puis dix. Puis une demi-heure – c'est du moins l'impression que nous avons eue tant l'attente nous paraissait longue dans cette chambre aseptisée. Je ne voulais pas laisser Beau, mais j'ai fini par sortir pour appeler mon père. Paniqué, je lui ai dit qu'il y avait sans doute un souci, que le médecin avait filé et n'était toujours pas revenu. Papa a ri, le médecin était à côté de lui. Dans ce genre de situation, on appliquait le protocole vice-présidentiel – exigeant que mon père soit prévenu avant quiconque pour tout ce qui le concernait directement –, ce qui me mettait parfois dans l'embarras, comme ce jour-là. Le médecin venait d'informer mes parents que tout allait bien.

Cela n'a pas duré. Après avoir été rapatrié dans le Delaware, Beau a passé une soirée agréable chez lui en compagnie de sa femme et ses enfants. Le lendemain, Hallie m'a appelé à Washington, affolée, en me disant quc mon frère était inconscient. J'ai foncé à Wilmington et je suis directement monté dans sa chambre, où il ne réagissait plus depuis le matin. Il paraissait angoissé, complètement ailleurs. Il m'a à peine salué quand je suis entré. Je l'ai embrassé et lui ai demandé ce qui se passait. Il a levé imperceptiblement les mains, secoué légèrement la tête avant de souffler dans un râle : « Je ne sais pas. » Je lui ai suggéré de sortir du lit, mais il a refusé. « Il faut, lui ai-je dit. Il fait beau. Viens, on va s'asseoir dans la véranda. »

Nous avons eu toutes les peines du monde à le mettre debout – il avait visiblement mal et il était inquiet de voir qu'il avait aussi peu de forces dans les bras. Je l'ai descendu doucement au rez-de-chaussée en le portant comme j'aurais porté un enfant, je suis passé devant les parents et me suis dirigé vers la véranda qui donnait sur un étang. Nous nous sommes assis tous les deux à l'intérieur, dans des fauteuils placés devant les portes-fenêtres ouvertes.

Je ne lui ai pas dit grand-chose, si ce n'est que ça irait, que les médecins nous avaient prévenus : le virus injecté commencerait par déclencher une tempête dans le cerveau, avant que les globules blancs n'attaquent la tumeur. Je lui ai dit que c'était temporaire, qu'il fallait juste qu'il passe ce cap difficile avant que ça ne s'améliore. Là encore, il a hoché légèrement la tête. Je voyais qu'il m'écoutait avec attention et ne demandait qu'à me croire. À un moment, j'ai eu l'impression qu'il indiquait la nouvelle montre que j'avais au poignet. Puis au bout d'un moment, j'ai cru comprendre. Un soir, alors qu'il avait une quinzaine d'années, Beau s'était faufilé dans le dressing de papa et avait regardé dans sa boîte à souvenirs rangée dans le tiroir du haut. Il y avait trouvé des boutons de manchettes en acier et une Omega des années 60 avec un bracelet en cuir, qu'il pensait être un cadeau de notre mère, Neilia, à notre père. Il trouvait la montre tellement géniale qu'il l'avait mise ce soir-là sans demander à notre père. Il comptait la remettre dans la boîte en rentrant, mais à son grand regret il l'avait perdue au bal. Il ne l'avait pas dit à papa et ce n'est que bien plus tard que notre père s'était aperçu qu'elle avait disparu.

J'avais complètement oublié. Mais Beau s'en souvenait. Il s'en voulait encore d'avoir perdu cette montre.

Des dizaines d'années plus tard, lors d'une de ses interminables visites à l'hôpital où je l'accompagnais, Beau s'était mis en tête de remplacer la fameuse montre. Il voulait à tout prix retrouver la même et durant tous ces mois où nous avons passé notre temps à attendre – chez le médecin où il devait subir des examens et des scanners, à l'aéroport, avant de prendre l'avion –, c'est devenu pour lui une véritable obsession. Nous avons cherché partout, en vain. On regardait sur nos téléphones en faisant défiler des milliers de photos. C'était une façon de tuer le temps et de nous changer les idées. Je ne me rappelais même pas à quoi elle ressemblait, mais Beau, lui, s'en souvenait parfaitement.

Et là, il semblait indiquer mon poignet. La montre que je portais était une Omega Seamaster avec un bracelet en acier. Je l'avais achetée un jour pour lui mais je savais qu'il ne la mettrait pas. Il avait l'air de se demander pourquoi j'avais choisi celle-là – ce n'était pas celle qu'on cherchait. J'ai ri. C'était tellement réconfortant de le voir suffisamment en forme pour vouloir me faire une réflexion qui n'avait rien à voir avec son état de souffrance.

Nous sommes retombés dans un long silence paisible. Nous contemplions le paysage déployé devant nous – les verts et les ors de la vallée de la Brandywine dans toute la fraîche splendeur du printemps, le miroir de l'étang, le gigantesque chêne rouge d'Amérique qui, disait-on, était le plus vieux de l'État.

Puis Beau s'est tourné vers moi. « Pas la montre », a-t-il murmuré d'une voix à peine audible, me faisant comprendre que ce n'était pas l'Omega qu'il voulait désigner mais le paysage devant nous, si ce n'est qu'il n'avait pas eu la force de lever la main suffisamment haut. « C'est beau, a-t-il ajouté en montrant la vue. C'est beau. »

Ce sont les derniers mots que mon frère m'a dits.

Je l'ai remonté dans sa chambre, l'ai installé dans son lit en remontant les oreillers et l'ai embrassé. Je lui ai dit que je reviendrais le lendemain matin.

Mais dans la journée, j'ai reçu un autre appel : il était dans une telle agitation, une détresse si terrible qu'il avait été ramené à l'hôpital Thomas Jefferson, où le mari de ma sœur Ashley, Howard Krein, est chirurgien. Son état ne se dégradait pas, mais il ne s'améliorait pas non plus. Quelques jours plus tard, il a été transféré au Walter Reed National Military Medical Center, dans l'espoir que la rééducation lui serait bénéfique.

Quand je suis entré dans sa chambre, Beau avait visiblement très mal : il se tenait le ventre, en proie à une souffrance mutique. J'ai cru que les infirmiers n'arriveraient jamais. Gagné par une septicémie, il a failli mourir sur place et a été opéré en urgence pour une perforation intestinale. Puis il a rapidement été placé en soins intensifs du service de neurologie, où les médecins ont finalement décidé de l'intuber.

Il s'était écoulé à peine plus d'un mois depuis notre séjour à Houston et pourtant j'avais l'impression qu'il remontait à une éternité. Je me suis installé dans le fauteuil qui était à son chevet. Sa femme, Hallie, avait emménagé dans la chambre voisine qui avait été libérée pour elle. Elle allait se coucher vers minuit et se levait à cinq heures du matin.

Lorsque les médecins nous ont annoncé que tout espoir de guérison était perdu, Beau a été extubé et nous avons attendu.

Le temps passait. Beau ne bougeait pas. Je continuais à lui parler. Je lui ai dit qu'il pouvait s'en aller. Que ses enfants, Hunter qui avait alors neuf ans et Natalie presque onze, s'en sortiraient, qu'ils avaient tout le clan Biden pour veiller sur eux, comme nous, quand notre maman et Caspy nous avaient quittés alors que nous étions encore tout petits.

Je lui ai dit que papa s'en sortirait lui aussi. « Il est tellement fort, Beau. Il sait qu'il doit être fort pour nous tous. »

Je lui ai promis d'être fort, moi aussi ; il m'avait accompagné à ma première réunion des Alcooliques anonymes, m'avait trouvé mon premier parrain et escorté suffisamment de fois en cure de désintoxication pour savoir que le défi était de taille. Je lui ai promis de ne plus boire. Je lui ai promis de m'occuper de la famille comme il l'avait toujours fait. Je lui ai promis d'être heureux et de vivre la belle vie que nous avions imaginée ensemble.

J'ignorais alors combien de voies sans issue j'emprunterais avant de pouvoir tenir ces promesses.

Les vingt-quatre Biden continuaient à errer dans les couloirs. Certains étaient rentrés se doucher, se changer ou faire une sieste et s'étaient dépêchés de revenir. D'autres passaient dans la chambre de Beau, lui glissaient quelques mots ou parlaient avec les dizaines de médecins et de soignants qui se montraient tellement gentils avec nous depuis le début.

Beau continuait à respirer d'un souffle quasi imperceptible. Je lui tenais toujours la main.

Ma tante Val et mon oncle Jim, la sœur et le frère de papa, qui nous avaient presque élevés après le tragique accident, sont entrés et m'ont dit de faire une pause, d'aller prendre l'air, marcher un peu. J'ai refusé. Je voulais rester auprès de mon frère.

Finalement, presque un jour et demi après que les médecins eurent donné à Beau seulement quelques heures à vivre, mon père a insisté pour que j'aille acheter des pizzas avec mon beau-frère Howard. Les Biden avaient faim. Je craignais le pire mais j'y suis tout de même allé. Dix minutes plus tard, alors que nous entrions dans le restaurant, mon téléphone a sonné. C'était papa. « Reviens, mon chéri. » C'est tout ce qu'il a dit.

La famille était entassée dans la chambre avec les amis, les médecins et les infirmiers. Papa se tenait auprès de Beau, serrant sa main contre son cœur. Jill, notre seconde mère, était à côté de lui, Hallie et ses enfants blottis à côté, en larmes. Les lumières étaient éteintes mais les derniers rayons du soleil filtraient par les stores à demi baissés.

Le moniteur cardiaque s'est arrêté. Le Dr Kevin O'Connor, le médecin de papa à la Maison Blanche, s'est avancé et a annoncé l'heure du décès : « Dix-neuf heures trente-quatre. »

Le flot des proches qui entouraient Beau – ses enfants, mes trois filles, nos femmes, nos belles-familles, une petite colonie de tantes, d'oncles et de cousins – s'est légèrement écarté pour me laisser passer. Je me suis avancé jusqu'à lui. J'ai pris sa main droite, puis celle de mon père qui tenait encore sa main gauche, de l'autre côté du lit. Je me suis baissé, j'ai posé la tête sur la poitrine de mon frère et j'ai pleuré. Papa me caressait les cheveux en pleurant avec moi. Il s'est penché pour mettre sa tête contre la mienne et nous avons pleuré de plus belle. Sans un mot. Je n'entendais que nos sanglots.

C'est alors qu'au milieu de ce désespoir insoutenable, j'ai senti la poitrine de mon frère se dilater imperceptiblement. Puis un battement de cœur. J'ai regardé papa qui avait les yeux rougis et j'ai chuchoté : « Il respire encore. » Je me suis tourné vers les médecins pour leur dire la même chose. Ils m'ont considéré avec un mélange d'inquiétude et de pitié. L'un d'eux m'a répondu gentiment : « Non, Hunter, je suis désolé mais votre frère est… »

Le moniteur cardiaque l'a interrompu en se remettant en marche. Personne d'autre n'a vraiment réagi dans la chambre. La plupart étaient si perdus dans leur chagrin que je ne suis pas sûr qu'ils se soient aperçus de ce qui se passait.

Comprenez-moi bien, je ne pensais pas que Beau avait miraculeusement guéri. Je me disais qu'il était revenu un instant – comme s'il avait oublié son portefeuille ou ses clés de voiture – pour que nous puissions tous les deux passer à autre chose. Il était revenu le temps que je lui dise encore une fois ce qu'il savait déjà. Que je l'aimais. Que je serais toujours avec lui. Que rien ne pourrait jamais nous séparer, pas même la mort.

Puis il a poussé un dernier souffle et il est parti pour de bon. Le Dr O'Connor a annoncé une nouvelle fois l'heure du décès : « Dix-neuf heures cinquante et une. »

2

Requiem

Nous avons enterré Beau sept jours plus tard.

Les gens se serraient sur les bancs de St Anthony of Padua, l'église catholique de Little Italy, à Wilmington. Elle avait été bâtie par les paroissiens, qui étaient pour beaucoup des immigrés de fraîche date et des artisans de grand talent, et la dernière pierre du corps de l'église avait été posée en 1926. L'église de notre quartier, St Joseph on the Brandywine, construite à deux kilomètres de là par les ouvriers de la poudrerie locale, n'était pas assez grande pour accueillir tout le monde. Même à St Anthony certains avaient dû être rassemblés dans une annexe.

Parmi les personnes présentes se trouvaient le Président Barack Obama et sa famille, Bill et Hillary Clinton, l'ancien procureur général des États-Unis Eric Holder et le sénateur John McCain, qui devait succomber trois ans plus tard au même cancer qui avait emporté Beau. Le chef d'état-major, le général Raymond Odierno, qui commandait les forces américaines en Irak à l'époque où Beau y était déployé, lui a décerné à titre posthume la médaille de la Legion of Merit. Chris Martin, le leader de Coldplay, un des groupes préférés de Natalie et Hunter, a interprété « Til Kingdom Come », uniquement accompagné de sa guitare acoustique et de l'orgue de l'église.

Des milliers d'autres gens lui avaient rendu hommage lors des veillées funèbres organisées à l'intention du public les deux jours précédents. La première à Dover, la capitale de l'État, où le cercueil de Beau recouvert du drapeau était exposé dans le Capitole ; la seconde à St Anthony. Nous sommes restés là plusieurs heures d'affilée tandis que des files interminables serpentaient autour des bâtiments – c'était le seul moyen de voir tout le monde. Nous avons serré des mains, pris des gens dans nos bras, les avons écoutés inlassablement égrener leurs souvenirs de Beau et dire le sens qu'il avait donné à leur vie.

La foule était venue de tout le Delaware et de plus loin : il y avait des Noirs, des Blancs, des gens de toutes origines – des Irlandais, des Polonais, des Juifs, des Portoricains, des Grecs. Certains étaient arrivés emmaillotés dans les bras de leurs parents, d'autres en fauteuil roulant poussé par leurs enfants et leurs auxiliaires de vie.

Par moments, nous avions l'impression qu'il y avait là tous les gens avec qui papa, Beau ou moi avions fait nos études, travaillé ou fait campagne. Il y avait des personnes que nous croisions souvent dans la rue ou qui nous servaient le plat du jour dans un restaurant local. Des coiffeurs qui nous coupaient les cheveux quand nous étions petits. Des pédiatres qui nous avaient examinés et des dentistes qui nous avaient mis nos appareils. Des infirmières du St Francis Hospital qui nous avaient connus du jour de notre naissance à celui où je m'étais cassé le poignet pour la troisième fois en jouant au football ma première année de lycée.

Il y avait des enseignants et des camionneurs, des dockers et des mécaniciens, des sénateurs d'État et des membres de conseils municipaux. Une femme de plus de quatre-vingt-dix ans qui était une des rares personnes à avoir soutenu la première candidature utopique de mon père au Sénat américain. D'autres gens qui l'avaient épaulé lors de cette campagne-là et de toutes les suivantes, faisant du porte-à-porte et distribuant des tracts tous les six ans depuis près de quatre décennies.

Il y avait le jeune agent trisomique du bureau du procureur général des États-Unis avec qui Beau bavardait tous les jours. La famille de cet homme qui, chaque été, nous fascinait tous les deux au pique-nique du syndicat des travailleurs de l'amiante en gobant sous nos yeux un grillon vivant (je n'ai jamais compris pourquoi). Des gens avec qui il s'était lié lorsqu'il m'accompagnait aux réunions des Alcooliques anonymes ; ils étaient venus par amitié pour Beau et non parce qu'il était mon frère.

Quasiment tous ceux qui ont défilé devant nous les larmes aux yeux avaient une histoire personnelle à raconter ou de l'affection à nous témoigner.

Ce qui m'a le plus ému, ce sont les mots de tous ces gens que je reconnaissais mais dont j'avais oublié le nom. Ils racontaient des histoires où les chemins de nos familles s'étaient croisés au gré de rencontres aussi improbables que profondes dans lesquelles mon père tenait souvent le rôle central.

Un homme m'a expliqué comment papa l'avait pris un jour en stop à minuit alors qu'il était en panne d'essence. Une femme se souvenait que mon père l'avait appelée simplement pour lui présenter ses condoléances lorsqu'elle avait perdu un proche. Elle voulait le remercier de la considération dont il avait fait preuve. Un couple marié se rappelait avec émotion que papa leur avait parlé après la disparition de leur fils, mort dans un accident dû à l'alcool, et disait qu'encore aujourd'hui ses paroles leur donnaient de l'espoir et la force de continuer à vivre.

Ces effusions réaffirmaient le lien unique né de la tragédie publique qu'avait été la mort de ma mère et ma sœur. L'accident avait eu des répercussions dans tout l'État. Républicains, démocrates – peu importe. Les habitants du Delaware avaient placé leurs chagrins et leurs espoirs dans ce jeune veuf élégant qui se retrouvait seul avec deux enfants en bas âge. Dans tout l'État, notre survie était devenue une source de fierté. Tout le monde voyait en Beau et moi des cousins, des neveux, des fils adoptifs.

Et aujourd'hui, la mort de Beau à un si jeune âge, avant qu'il ait pu accomplir la grande destinée à laquelle il était promis, les appelait une nouvelle fois à se rassembler autour de nous pour nous réconforter du mieux qu'ils pouvaient.

Je ne sais combien de cartes de prière et de médailles m'ont été glissées dans les mains, accompagnées chacune d'une explication ou d'une consigne. Une femme d'un certain âge m'a donné une médaille de saint Barthélemy, qui, disait-elle, était le saint patron de ceux qui prenaient la place d'un autre. « Vous devez poursuivre la vie de votre frère », m'a-t-elle dit en m'étreignant les mains. C'était un sentiment récurrent. (J'ai appris par la suite que Barthélemy est également le patron des bouchers, des relieurs, des artisans du cuir et des gens qui souffrent de troubles nerveux.)

Et puis il y avait des familles qui nous expliquaient que Beau les avait conseillées, tout en engageant des poursuites à l'encontre d'auteurs de crimes sexuels, une de ses priorités durant les huit ans qu'il avait passés au poste de procureur général de l'État. Cet engagement avait été mis en évidence dans le cas du terrifiant pédophile en série Earl Brian Bradley, un pédiatre qui avait violé plus de cent enfants, dont un bébé de trois mois. Beau en avait fait une affaire si personnelle que c'est une des raisons pour lesquelles il avait refusé de briguer en 2010 le siège qu'occupait mon père au Sénat américain. Il était déterminé à mener à bien les poursuites sur des chefs d'accusation qui devaient s'élever en définitive à plus de cinq cents. Le 23 juin 2011, Bradley avait été reconnu coupable de tous les chefs d'accusation, puis condamné à quatorze peines à perpétuité – plus cent soixante-quatre années – sans possibilité de libération conditionnelle.

Cependant, l'action de Beau dans ce domaine s'exerçait également en dehors des tribunaux. Un de nos amis de longue date, un syndicaliste coriace d'une quarantaine d'années, m'a confié : « Votre frère m'a permis d'envisager de ne pas me suicider. » Je lui ai demandé discrètement de quoi il parlait. Il est resté un moment stupéfait, persuadé que Beau m'avait révélé son histoire. Il m'a alors raconté qu'il avait été agressé sexuellement par un prêtre, trente-cinq ans plus tôt. Le prêtre était mort depuis, mais Beau était la seule personne à qui il l'ait jamais dit. Cet homme savait comme tous ceux qui s'étaient confiés à lui qu'ils pouvaient lui livrer leurs secrets les plus intimes, les plus sombres, sans que jamais il les juge.

Dans ces circonstances tragiques, le fait de parler à toutes ces personnes nous a mis du baume au cœur. Les flots de gens qui ont défilé devant son cercueil ces deux jours-là montrent de façon éclatante, si besoin était, l'impact d'une vie bien vécue.

Notre famille a réagi comme elle le fait toujours dans les épreuves, qu'elles soient politiques ou personnelles : nous nous sommes réparti les rôles. Mon père et moi nous sommes chargés d'une partie de l'organisation, décidant qui prendrait la parole durant la cérémonie ou encore quand répondre aux appels des dignitaires du monde entier.

Mon père a passé des heures dans sa véranda à parler à des dirigeants en fonction à l'époque et à leurs prédécesseurs de tous les continents. Ils avaient tous de l'affection pour lui ; non seulement du respect, mais une réelle affection. Si bien que ces conversations allaient bien au-delà de simples condoléances.

Les uns se rappelaient : « Vous avez emmené Beau et Hunter à Berlin », d'autres confiaient : « Beau m'a beaucoup impressionné quand il est venu parler de la corruption en Roumanie quand il était procureur général » ou encore : « Je ne sais pas si vous vous rappelez, mais quand ma nièce est morte, vous avez été là pour nous. »

La plupart du temps, j'étais cantonné chez Beau, à Wilmington, à moins de deux kilomètres de chez mon père. J'y recevais les condoléances et les messages de soutien et accueillais les amis qui étaient venus voir Hallie et les enfants.

Mon père et moi étions tellement accaparés que nous n'avons jamais réellement pris le temps de parler ensemble à cœur ouvert de l'épreuve que nous traversions. Nous pleurions beaucoup tous les deux – j'ai vu mon père pleurer dans sa véranda après quasiment chaque coup de téléphone. Par moments, nous nous prenions simplement dans les bras, comme si nous nous soutenions l'un l'autre, en silence, conscients que c'était tout ce que nous pouvions faire et qu'aucun mot ne saurait soulager la douleur. Parler semblait presque risqué. Je redoutais l'effet qu'aurait sur mon père la mort de Beau et lui redoutait l'effet qu'elle aurait sur moi.

Chacun de nous craignait à sa façon une catastrophe imminente.

Au milieu de tout cela, je travaillais à l'éloge funèbre de Beau. L'idée de l'écrire amplifiait les émotions que j'éprouvais et la perspective de le prononcer devant une assistance aussi vaste et diverse rendait la disparition de mon frère plus cruelle encore.

Mais dès que je me suis lancé, mes inquiétudes se sont dissipées. Malgré l'énormité de ce discours public, je me suis aperçu que je le préparais pour un unique auditoire : mon frère. Connaissant Beau, je savais que quoi que j'écrive, ça lui irait. Je rédigeais donc des passages et les lui lisais à voix haute. Puis on les corrigeait et on les peaufinait à deux – c'est du moins l'impression que j'avais. J'étais stupéfait que cela me vienne aussi facilement.

J'ai évoqué un certain nombre de jalons importants de notre vie, en commençant, comme chaque fois, par le jour où je m'étais réveillé à l'hôpital à côté de lui. Je voulais que tout le monde comprenne l'immensité du lien qui nous unissait mais je me sentais également le devoir de reconnaître que bien d'autres gens entretenaient avec lui une relation extraordinaire, comme le montraient les témoignages personnels que nous avions reçus cette semaine-là.

Écrire son éloge funèbre a été aussi déchirant que libérateur. J'espérais qu'il aurait cet effet sur les autres. Qu'il aurait cet effet sur mon père. Quand je l'ai fini, je ne le lui ai pas fait lire. Je voulais qu'il le découvre à St Anthony.

Le premier éloge a été prononcé par le général Odierno, la poitrine bardée de médailles. Il a parlé de la personnalité de Beau et de l'altruisme dont il avait fait preuve en Irak, puis de ses valeurs et de son éthique lorsqu'il était procureur général de l'État. Il a évoqué son charisme naturel, le fait que les autres, militaires ou civils, le suivaient volontiers. Puis il a exprimé un sentiment que partageaient quasiment tous ceux qui avaient rencontré Beau : « Il était dévoué à sa communauté, à son État, et à une nation qu'il était amené à diriger un jour, j'en suis persuadé. » À la fin, le général Odierno s'est avancé devant le cercueil de Beau, s'est figé au garde-à-vous un long moment puis l'a salué lentement avec gravité.

Le Président Obama a pris la suite. Au pied d'un autel orné de roses et d'hortensias blancs, baigné par la lueur que répandait la rosace du chevet, il a rendu hommage à Beau pendant près de vingt-cinq minutes. Il a lu son allocution avec la calme solennité qui l'avait aidé à traverser les sept longues années qui venaient de s'écouler. Même les gens relégués dans l'annexe avaient l'impression qu'il s'adressait à eux. Une grande part de son éloge, cependant, était adressée à mon père, dont il parlait même à un moment comme d'un frère.

Nous avions, Beau et moi, une immense admiration pour le Président, qui traitait avec égards non seulement mon père mais toute notre famille. (C'était avant tout mon Président, mais aussi l'entraîneur de basket de ma fille Maisy.) Mais c'était compliqué, même si sur l'instant je n'y pensais pas. Les querelles et les manœuvres politiciennes internes qui ont toujours existé à la Maison Blanche atteignaient parfois mon père. Quand j'apprenais qu'un conseiller de l'administration avait essayé de l'affaiblir, cela me touchait personnellement, trop personnellement peut-être. Par conséquent, je ne fréquentais pas beaucoup la Maison Blanche ; je n'avais aucune envie de me retrouver un dimanche autour d'un barbecue en compagnie du Président et du personnel de l'administration après avoir vu dans un article qu'on lui avait fait un sale coup. J'avais du mal à me contrôler et me taire, je le savais.

Kathleen, en revanche, était devenue proche de Michelle Obama, et notre fille Maisy et Sasha qui s'étaient connues à Sidwell Friends, où elles étaient scolarisées toutes les deux, étaient amies depuis le primaire. Kathleen et Michelle faisaient du sport ensemble et prenaient souvent un cocktail à la Maison Blanche lors de réceptions officielles ou non. J'avais fait une rechute deux ans après l'élection et me sentais mal à l'aise dans ce cadre, et j'avais souvent l'impression que certaines personnes étaient mal à l'aise avec moi.

Mais les obsèques de Beau relevaient de la sphère privée et non politique et, ce matin-là, Obama était là pour mon père, mon frère et toute notre famille. Je lui en étais infiniment reconnaissant.

Le Président a commencé par citer le poète irlandais Patrick Kavanagh : « "Un homme est original quand il exprime une vérité connue des honnêtes hommes depuis toujours." Beau était un original, a-t-il ajouté avec justesse, un homme qui aimait profondément et qui était aimé en retour. » Il a parlé de l'accident qui nous avait arraché notre mère et notre sœur et de la manière dont il avait façonné la vie de Beau – notre vie à tous : « Beau a été de bonne heure frappé par un cruel destin. Mais Beau était un Biden. Et il avait appris très tôt la règle de la famille Biden : si vous devez demander de l'aide, c'est qu'il est déjà trop tard. Autrement dit, vous n'êtes jamais seul ; nul besoin de demander, car quelqu'un est toujours là pour vous en cas de besoin. »

Le Président a évoqué la sensibilité mêlée de détermination avec laquelle mon père avait réagi après cette tragédie, la façon dont il était resté dans l'administration (au lendemain de l'accident, Mike Mansfield, le chef de la majorité resté le plus longtemps en poste de toute l'histoire du Sénat, l'avait convaincu de ne pas démissionner avant sa prestation de serment) tout en évitant les « petits jeux de Washington », préférant rester à Wilmington et faire la navette tous les jours pour nous accompagner à l'école et nous embrasser le soir. « Comme Joe me l'a lui-même avoué, a ajouté le Président, il ne le faisait pas simplement parce que ses enfants avaient besoin de lui, il le faisait parce qu'il avait besoin de ses enfants. »

Le Président Obama a poursuivi en énumérant les nombreux accomplissements de Beau, disant de lui que c'était « un soldat qui fuyait la gloire, un procureur qui prenait la défense des gens sans défense et l'un des rares hommes politiques à se faire plus d'amis que d'ennemis ». Puis il l'a résumé en ces termes, déclenchant des rires dans l'assistance : « Il ressemblait même à Joe, il avait sa voix – cela dit, Joe serait sans doute le premier à reconnaître que Beau était une version supérieure – un Joe 2.0. »

Il a enchaîné, dégageant de cet inventaire léger l'essence de l'homme qu'était mon frère tant en public qu'en privé : « Beau était un homme qui vous charmait, vous désarmait, vous mettait à l'aise. Quand il devait assister à un gala de levée de fonds avec des gens qui se prenaient bien trop au sérieux, il venait vous glisser à l'oreille une plaisanterie totalement déplacée. Voilà un fils de sénateur, un capitaine de l'armée, l'élu le plus populaire du Delaware – pardon, Joe –, qui n'hésitait pas à danser en short et sombrero à Thanksgiving pour le seul bonheur de faire rire les gens qu'il aimait. Et dans le même temps, c'était un grand serviteur de la nation, qui avait toujours son carnet dans la poche pour noter les problèmes de tous les gens qu'il rencontrait afin de les régler une fois rentré au bureau. C'était un homme qui, à la Convention nationale du Parti démocrate, ne passait pas son temps en coulisses à faire des ronds de jambe devant les donateurs ou distribuer des poignées de main. Il préférait monter et descendre inlassablement les escalators du stade avec son fils, car il savait comme Joe ce qui compte le plus dans la vie. »

Le Président s'est interrompu un instant avant de reprendre comme s'il anticipait le bouleversement politique qui s'annonçait : « Voyez-vous, à l'ère de la téléréalité, n'importe qui peut se faire un nom, et encore plus dans la politique d'aujourd'hui. Pour attirer l'attention, il suffit de vociférer et de manier la polémique. Mais faire en sorte que ce nom ait un sens, qu'il soit synonyme de dignité et d'intégrité, c'est rare. »

Pour conclure, il a emprunté un vers du poète irlandais qu'il avait cité au début. Ce vers résumait à lui seul la tristesse que nous éprouvions tout en souriant aux merveilleux souvenirs que nous gardions de Beau : « Et je dis : que le chagrin soit une feuille morte à l'aube du jour. » Puis il a descendu les marches de l'autel et s'est approché de mon père qui s'est levé puis l'a serré longuement dans ses bras. Le Président l'a embrassé – en un geste évoquant la fraternité dont il avait parlé – avant de s'écarter.

Ma sœur Ashley a pris la suite. Je l'ai accompagnée jusqu'à l'autel et suis resté à ses côtés, pour montrer à Beau l'unité de notre fratrie. Elle a été drôle, aimante, pleine d'espoir, poignante – la quintessence même de la petite sœur (elle avait dix ans de moins que Beau). « Au cours préparatoire, j'ai dessiné ce qui me rendait heureuse, a-t-elle commencé. C'était moi, donnant la main à mes deux frères. »

Elle a dit clairement que pour elle – comme pour Beau et

moi – nous ne formions presque qu'un : les deux faces d'une même médaille : « Il m'est impossible de parler de Beau sans parler de Hunter. Ils étaient inséparables et s'aimaient d'un amour inconditionnel. Beau avait un an et un jour de plus que lui, mais Hunter était le vent qui le portait – c'est à Hunt qu'il devait le courage et la confiance qui lui donnaient des ailes [...] Il n'y avait pas une seule décision de prise sans que Hunter ait été consulté en premier, pas un seul jour sans qu'ils se parlent, pas une seule route parcourue sans que l'un serve de copilote à l'autre. Hunter était le confident de Beau. Son refuge. »

Ashley a dit qu'elle n'avait pas tardé à partager notre complicité. Comme tous les frères et sœurs, nous l'aimions autant que nous la trouvions agaçante. « J'avais alors et j'ai toujours eu le sentiment d'avoir une grande chance d'être la petite sœur de ces deux garçons extraordinaires qui m'ont élevée et construite. Même s'ils n'ont pas lu tout le mode d'emploi, comme me le fait parfois remarquer mon mari. »

Elle a ensuite évoqué des événements marquants à ses yeux, notamment le fait que nous lui avions présenté son futur mari, Howard, que nous avions rencontré en 2008 lors d'une levée de fonds pour la campagne Obama-Biden.

À sa naissance, c'est Beau et moi qui l'avions baptisée Ashley et elle nous appelait Beauie et Huntie. Elle était tellement accrochée à nos basques quand nous étions au lycée et à l'université que nos amis la surnommaient « la puce ». La seule condition préalable à sa présence que lui imposait Beau, c'était qu'elle chante « Fire on the Mountain » des Grateful Dead. Quand elle avait huit ans, elle passait parfois la nuit dans son appartement d'étudiant.

Ashley a évoqué les vacances annuelles de Thanksgiving à

Nantucket : « Mes frères venaient me chercher à l'école, nous nous entassions dans le Jeep Wagoner et nous faisions sept heures de route – de tous les voyages en voiture, c'était celui que je préférais. »

L'année qui venait de s'écouler avait lourdement pesé sur elle, comme sur nous tous, et pourtant elle aussi était heureuse d'avoir pu être auprès de notre frère durant cette dernière étape de sa vie. Elle a parlé de ce qu'elle appelait le « tragique privilège » d'accompagner Beau à ses séances de chimio un vendredi sur deux. Après, ils allaient souvent prendre le petit-déjeuner et Beau lui faisait écouter ce qu'elle pensait être sa chanson préférée : « You Get What You Give » des New Radicals. Elle a lu les paroles à l'assemblée captivée qui se serrait dans l'église bondée.

This whole damn world could fall apart
You'll be okay, follow your heart
You're in harm's way, I'm right behind[1].

« Avec le recul, a poursuivi Ashley, je pense que ces jours-là Beau me faisait écouter cette chanson non pour lui mais pour moi. Pour me rappeler de ne jamais renoncer, de ne jamais me laisser, nous laisser ronger par la tristesse. » Puis elle a conclu : « Tant que j'aurai Hunt à mes côtés, tu seras là. Alors Beauie… à bientôt. Je t'aime tant. »

Nous nous sommes embrassés tous les deux. J'étais si fier d'elle. Et je savais que Beau l'aurait été, lui aussi.

Elle avait mis tout le monde à l'aise, moi compris. Quand je

1. « Le monde entier peut bien s'écrouler / Tout ira bien, suis ton cœur / Le danger guette, mais je suis là. » (*N.d.T.*)

suis passé derrière le pupitre et que j'ai ouvert mes notes, je ressentais un calme inhabituel. J'appréhende de devoir parler en public. Je savais que tout le monde se faisait du souci pour moi et pas seulement en cet instant. Je sentais qu'ils craignaient tous que la disparition de Beau n'ait un effet sur mon abstinence. En d'autres circonstances, leur inquiétude n'aurait fait qu'augmenter mon anxiété. Mais là, non. Malgré le millier de visages levés vers moi et les millions de gens qui suivaient la cérémonie à la télévision, je me sentais protégé dans le cocon familial : Ashley, Jill, ma seconde mère, mon père, mes tantes, mes oncles et mes cousins, ma femme et mes filles – ils étaient tous avec moi et ils étaient tous là pour moi.

Et puis il y avait Beau. Depuis le jour de sa mort, je n'avais toujours pas le sentiment qu'il était parti.

Après avoir remercié ceux qui avaient pris la parole avant moi et réaffirmé l'amour que Beau portait à Ashley – « Il aimait ton rire, il aimait ton sourire » –, je me suis adressé directement aux enfants de mon frère. Ils étaient blottis l'un contre l'autre sur le banc. Je leur ai répété ce que je leur avais dit toute la semaine : leur père serait toujours à leurs côtés, il ferait toujours partie d'eux et toute notre famille les aimerait et les protégerait comme elle nous avait aimés et protégés, leur père et moi.

« Natalie, ai-je continué, il est cette part de toi qui te permet d'être si attentionnée et si compatissante. Il est la raison pour laquelle tu es si protectrice envers ton frère comme il l'était avec moi. Hunter, Robert Hunter Biden deuxième du nom, ton papa nous a liés à jamais. Tu es l'incarnation de son calme et de sa concentration. Tu ressembles tellement à ton papa, tu sais, qu'à vous regarder pêcher tous les deux au bout du ponton, on avait l'impression de voir deux images d'une seule et même personne. Comme tante Valerie a été là pour votre papa et moi – ainsi qu'oncle Jimmy, oncle Frankie, oncle Jack, oncle John, Mom-Mom et Da-Da –, vous avez votre tante Ashley, votre tante Liz, votre tante Kathleen, vos Poppy et Mimi, vos Nana et Pop. Nous vous entourerons du même amour, un amour immense, magnifique. Le même amour qui nous a faits, votre papa et moi, vous fera aussi. »

Évidemment, je ne me doutais pas que bientôt cela deviendrait aussi compliqué.

J'ai raconté une fois de plus comment Beau me tenait la main quand nous étions deux enfants apeurés dans la chambre d'hôpital et qu'il en avait tenu bien d'autres quand des gens étaient en détresse. Des gens qui avaient survécu à la maltraitance, des parents de soldats morts au combat, des victimes de crimes violents – tous, il leur avait tenu la main. « Cette histoire, des milliers de gens la racontent en cet instant. Et c'est toujours la même – l'histoire du jour où Beau Biden leur a tenu la main. Il était la clarté, ai-je continué en me parlant à moi-même autant qu'aux gens assemblés dans l'église, une clarté dans laquelle on pouvait entrer. Il était la clarté du lac Skaneateles au lever du soleil. Une clarté dans laquelle on pouvait flotter. Une clarté communicative. Cette clarté rayonnait non seulement sur toute sa famille, mais sur tous ceux qui voyaient en lui un ami. Mon seul privilège, c'est d'être le premier dont mon frère ait tenu la main. »

Alors que je lisais ces lignes, le temps n'existait plus. Je ne savais pas depuis combien de temps j'étais là (cela faisait vingt-deux minutes), je ne me souciais pas de ce que pouvaient penser les gens ni de leurs inquiétudes.

« Il y a quarante-deux ans, ai-je conclu, je crois que Dieu nous a fait un cadeau. Il nous a fait le cadeau d'épargner mon frère, de l'épargner le temps qu'il puisse donner tout l'amour non pas d'une mais de mille vies. Dieu nous a donné un garçon capable de porter un amour infini. Et cela s'est achevé comme cela avait commencé : sa famille l'entourait. Tout le monde s'accrochait à lui. Chacun de nous le tenait désespérément. Chacun de nous lui murmurait : "Je t'aime, je t'aime, je t'aime." Et je lui tenais la main lorsqu'il a poussé son dernier souffle. Je sais que j'ai été aimé et que jamais sa main ne lâchera la mienne. »

Quand je suis retourné à mon banc, mon père s'est levé pour m'embrasser. Puis il m'a murmuré à l'oreille : « C'était beau. »

Après cette longue semaine, je me suis repris à espérer. J'avais même l'impression que les autres étaient plus optimistes à mon sujet. Parmi tous ces gens qui avaient défilé pendant des heures pour présenter leurs condoléances, il y en avait bien un sur trois qui en me prenant dans ses bras ou en me serrant la main m'avait encouragé à revenir m'installer dans le Delaware et me porter candidat.

Je suis rentré avec Kathleen à Washington le lendemain des obsèques. On a mis la radio de l'université de Pennsylvanie. Quand on était jeunes, on l'écoutait en boucle, mon frère et moi. Ils diffusaient un hommage non-stop à Beau, qui avait eu son diplôme en 1991. À un moment, je me suis garé et j'ai dit à Kathleen que je pouvais peut-être me lancer en politique, à présent. « Même si je suis anéanti, j'ai le sentiment d'avoir un but », lui ai-je expliqué. Tant de gens semblaient plus disposés à me pardonner mes erreurs passées – mes rechutes dans l'alcool, mon renvoi de la réserve de l'US Navy – que je ne l'étais moi-même.

Mais je ne mesurais pas à quel point le naufrage de ces dernières années et tout ce que j'avais fait subir à ma famille pesaient encore sur Kathleen. Sans doute sa réponse était-elle justifiée : « Tu plaisantes ? »

Nous ne nous sommes plus parlé de tout le trajet. Ni jamais, d'ailleurs.

3

Jeunesse d'un Biden

Mon père pensait que Beau deviendrait peut-être un jour Président et que je l'aiderais à y arriver.

Cela nous semblait parfaitement naturel. Nous avions été élevés à la politique comme des enfants de paysans sont élevés au maïs. Quand on était petits, la règle était que Beau et moi avions le droit d'accompagner notre père à Washington quand nous le voulions, même s'il était entendu que nous ne devions pas manquer l'école plusieurs jours d'affilée. Deux ou trois fois par mois nous prenions donc le train avec lui pour aller au Capitole et nous y passions la journée. Nous avions davantage l'impression de rendre visite à de la famille vivant dans une autre région que de faire partie de ces groupes de gamins turbulents en excursion scolaire. Les gens qui travaillaient pour mon père et avec lui étaient des sortes d'oncles et de tantes de substitution. Il n'était pas rare que quelqu'un comme Bill Cohen, mettons, le représentant du Maine et futur secrétaire à la Défense sous Clinton, rentre en train à Wilmington avec papa, dîne chez nous, passe la soirée à la maison et reste dormir.

Je m'asseyais sur les genoux de papa pendant les réunions ou je filais avec Beau explorer la salle de sport du Sénat située dans le bâtiment Russell, qui n'était pour nous qu'un immense terrain de jeux néoclassique avec une piscine. On se glissait parfois tous les deux dans le sauna, où on voyait Howell Heflin et ses grandes oreilles qui ressemblait à un ours, le sénateur démocrate de l'Alabama en train de mâchonner son éternel cigare en papotant avec un Ted Kennedy assez jeune d'allure encore sportive et un Strom Thurmond vieillissant à la longue carcasse émaciée.

Quand ils nous voyaient, ils nous lançaient : « Salut, les garçons ! » – il n'y avait jamais d'autres enfants – et nous nous mettions dans un coin pour les écouter. La pièce noyée de volutes de vapeur résonnait d'un chœur d'accents mélodieux et d'idéologies discordantes – démocrate conservatrice, ouvertement progressiste, farouchement républicaine. À nos jeunes oreilles, leurs bavardages ressemblaient autant à de la musique qu'à de la politique.

Nous étions des habitués de la cafétéria du Sénat, dont nous connaissions tout le personnel. Papa venait manger avec nous quand il le pouvait, commandait un sandwich au thon avec du pain complet et, dès qu'il apercevait quelqu'un, lui faisait signe de nous rejoindre. S'il était appelé, c'était un sénateur qui nous gardait. Tandis que j'engloutissais une soupe de haricots blancs puis attaquais un sandwich BLT(Bacon-laitue-tomate) – Beau prenait toujours un grilled cheese et des frites –, il y avait toujours quelqu'un pour raconter des histoires, comme Dan Inouye qui nous parlait entre deux bouchées de ses copains de régiment pendant la Seconde Guerre mondiale. Ce n'est que bien des années plus tard que j'ai compris le rapport entre ces histoires et sa manche repliée fixée sur l'épaule, alors que je rédigeais un mémoire sur l'héroïsme dont le sénateur avait fait preuve en Italie en menant un assaut avec le 442e régiment d'infanterie, l'unité de combat nippo-américaine, lors duquel il avait perdu son bras droit, arraché par une grenade.

John Glenn, l'astronaute devenu sénateur de l'Ohio, nous voyait attendre notre père et lançait : « Allez, les garçons, dans mon bureau. » Il nous faisait monter pour nous montrer des maquettes de sa fusée du programme Mercury, nous indiquait où il était assis dans la capsule *Friendship 7* et nous racontait ce que ça lui avait fait d'être le premier Américain à tourner autour de la Terre et à pouvoir contempler des océans et des continents entiers. Nous l'écoutions bouche bée, les yeux ronds.

Nous assimilions au passage des leçons marquantes, en particulier de l'époque où notre père était encore suffisamment novice pour avoir des mentors et des occasions de tirer des enseignements, dans la pure tradition de Washington. Je me souviens qu'il nous a raconté la leçon qu'il avait reçue de Mike Mansfield, du Montana, l'inoxydable chef de la majorité au Sénat.

Jesse Helms avait été élu au Sénat la même année que notre père. Quand en 1973 a été voté le Rehabilitation Act, la loi relative à la réadaptation des personnes handicapées, ancêtre de la loi de 1990 leur garantissant l'égalité des droits, l'Americans with Disabilities Act, ce conservateur pur et dur de Caroline du Nord – qui en avait également l'accent mélodieux – l'a condamnée devant le Sénat, dénonçant un abus de pouvoir intolérable de l'État fédéral. Mon père était si écœuré qu'il a répondu par une diatribe tout aussi peu nuancée, lui demandant comment on pouvait être assez cruel, insensible et mesquin pour s'opposer à une loi aussi généreuse et nécessaire.

Après cet épisode, Mansfield a convoqué papa dans son

bureau. Celui que l'on surnommait Iron Mike – calme, courtois, toujours persuasif – a énoncé sa règle certes tacite mais inviolable : on peut remettre en cause l'opinion d'un collègue, qu'il soit démocrate ou républicain, mais jamais ses motivations ; tout le monde a une raison de vouloir entrer au Sénat, mais personne n'y entre dans le seul but d'être mesquin ou anti-américain ; certains se fourvoient peut-être, mais leurs motivations ne peuvent être mises en doute, a fortiori sur des sujets aussi délicats.

Pour illustrer son propos, Mansfield a raconté à mon père une histoire sur Helms. Plusieurs années auparavant, Jesse et sa femme Dot, qui étaient mariés depuis vingt ans et avaient deux filles adolescentes, avaient lu un article un matin, peu de temps avant Noël, qui parlait d'un orphelin de neuf ans atteint d'une infirmité motrice cérébrale. Dans l'article, le jeune garçon, qui était en fauteuil roulant, disait que tout ce qu'il voulait pour Noël, c'était un papa, une maman et un vrai foyer. Jesse et Dot avaient décidé sur-le-champ de l'adopter et de l'accueillir dans leur famille. « Vous pouvez remettre en question son opinion, a alors répété Mansfield à mon père, mais vous voyez bien que vous ne devez pas remettre en question sa motivation. »

Mon père a rapidement appris que sans attaquer de front la personnalité d'un opposant, il pouvait trouver une façon d'inverser la tendance ou de parvenir à un compromis. Personne ne sort d'une réunion quand on dit : « Je crois que vous ne mesurez pas les conséquences de vos actes, le fait que les gens n'auront pas accès à des choses dont ils ont besoin au quotidien. » Cela engage au débat. Mais si on dit à un opposant : « Vous n'êtes qu'un imbécile mesquin qui a manifestement des préjugés contre les personnes handicapées », qu'il s'agisse de Jesse Helms ou de n'importe qui, la discussion s'arrête là.

Beaucoup d'hommes politiques d'aujourd'hui n'ont pas compris cette règle, depuis longtemps fondamentale pour mon père et notre famille. Cela a entraîné une atmosphère toxique qui a ouvert la porte en grand à des hommes comme Trump qui a pris l'exact contre-pied de cette ligne de conduite.

Les motivations de Trump peuvent et doivent être remises en question, d'autant qu'il les affiche ouvertement. Et, croyez-moi, elles ne sont pas jolies-jolies.

Ayant fréquenté le Sénat depuis l'âge de trois ans, j'ai observé l'évolution de gens qui étaient des conservateurs acharnés quand ils y sont entrés et ont par la suite voté des textes portés par les progressistes non parce qu'ils avaient changé d'idéologie, mais parce que c'était juste – par exemple, décréter fête nationale le Martin Luther King Jr. Day comme l'a fait Strom Thurmond ou encore soutenir l'élargissement du Voting Rights Act aux minorités linguistiques comme l'a décidé John Stennis, qui était pourtant un fervent ségrégationniste du Mississippi. Même Jesse Helms, qui avait déclaré un jour que le sida était un « châtiment envoyé par Dieu pour punir les homosexuels », a approuvé le financement de l'aide à la lutte contre cette maladie en Afrique au cours de ses dernières années de mandat.

Les hommes et les femmes entrent peut-être au Sénat avec une certaine vision du monde, mais il est difficile de rester en poste longtemps sans être exposé à des points de vue et des modes de raisonnement différents – ou du moins c'était le cas avant le culte du trumpisme et sa politique de la peur. Il est rare de ne pas devenir plus empathique. La plupart des observateurs politiques les plus expérimentés pensent que l'époque des compromis bipartisans est révolue. J'espère que non. À son arrivée au Sénat, Jeff Flake était le pendant de droite de John McCain en Arizona et regardez-le maintenant : c'est un farouche anti-Trump.

Au milieu de la tempête politique qui m'environne, j'essaie de conserver mon optimisme. Je n'y arrive pas toujours. Parfois, au beau milieu de la journée, je jette un œil à la télévision et vois Lindsey Graham, un opposant que mon père et ma famille ont longtemps considéré comme un ami, se métamorphoser en caniche de Trump et nous calomnier de la manière la plus froide, la plus cynique et la plus intéressée qui soit.

Nous n'avons pas grandi à Washington, Beau et moi. Nous ne fréquentions pas vraiment les enfants des autres sénateurs. Surtout les premières années, où nous nous contentions de faire l'aller-retour en train avec papa entre Wilmington et le bâtiment Russell – notre jeunesse washingtonienne s'arrêtait là.

Notre fief, c'était le Delaware. C'était là que la politique nous avait formés et permis de connaître l'État dans ses moindres recoins. Le Delaware est souvent jugé insignifiant, ce qui se comprend aisément : avec un peu moins d'un million d'habitants, c'est le sixième plus petit État du pays, juste derrière celui, minuscule, du Rhode Island. Il est facile de passer à côté sur une carte, car il est coincé entre la Pennsylvanie, le Maryland et le New Jersey. Pourtant, le Delaware est un microcosme sous-estimé des États-Unis qui a largement contribué à la popularité dont bénéficie mon père à l'échelle nationale. L'histoire de cet État, sa culture et sa politique reflètent des caractéristiques associées à des régions plus vastes. C'est à la fois une banlieue nord-est de Philadelphie, un berceau de l'agriculture et des relations interraciales du Sud, une part du Midwest industriel et une frange maritime centrée sur les activités portuaires comme tant d'autres régions de la côte Mid-Atlantic.

Les frictions entre le Nord et le Sud qui marquent le Delaware sont longues et complexes. C'était un État esclavagiste qui n'a jamais quitté l'Union, mais dont la plupart des citoyens ont pris les armes contre la Confédération. C'était un carrefour de l'Underground Railroad, le réseau clandestin qui permettait aux esclaves du Sud de fuir vers le Nord, et les esclaves affranchis y étaient dix fois plus nombreux que ceux qui étaient encore asservis. Pourtant, bien que le Delaware ait été la première des treize colonies d'origine à ratifier la Constitution, elle a été la dernière à abolir l'esclavage.

Il existe une communauté afro-américaine dynamique à Wilmington, dont la population d'un peu plus de sept mille habitants affiche un des pourcentages de résidents noirs les plus élevés du pays. Louis Redding, le premier Afro-Américain à être admis au barreau du Delaware, faisait partie des avocats qui ont contesté la ségrégation scolaire dans l'affaire Brown versus Board of Education. Dans les années 60, Wilmington a laissé exploser une colère longtemps refoulée et les prédicateurs des églises noires de la ville ont forgé des liens avec ceux du Sud profond durant le mouvement des droits civiques.

Lors des élections de 1972, le taux de participation record à Wilmington est peut-être la raison majeure – avec l'instinct politique de maman – pour laquelle mon père a remporté son siège au Sénat. La communauté noire était largement convaincue et l'est toujours, là comme ailleurs, que « Joe, c'est le gars qu'il nous faut ».

Bien que les différences ne soient plus aussi marquées

qu'autrefois, l'État reste divisé entre nord et sud, ou de part et d'autre du canal Chesapeake & Delaware. La partie supérieure s'estime plus sophistiquée et se voit comme une annexe de Philadelphie et du corridor du Nord-Est. C'est là que 60 % des entreprises du classement Fortune 500 sont enregistrées, du fait essentiellement de la présence de longue date de la Cour de la chancellerie du Delaware, une instance judiciaire qui résout les litiges en matière de droit des sociétés rapidement et sans jury.

C'est également une région longtemps dominée par la famille du Pont, dont la richesse lui permettait de garder sous son emprise l'industrie et la politique locales. Ayant fait fortune à l'origine grâce à la fabrication de poudre et d'explosifs avant d'étendre leurs activités aux produits chimiques et aux voitures, les du Pont ont régné sur le paysage politique de l'État tout au long des XIXe et XXe siècles.

La famille a également disposé d'une majorité de contrôle chez General Motors de 1917 à 1957, où la Cour suprême des États-Unis lui a ordonné de céder ses parts, en arguant que cette mainmise créait un monopole qui entravait la liberté du commerce. Témoignage de la passion de la famille pour les voitures, la DuPont Highway (Routes 13 et 113) qui traverse l'État du nord au sud a été construite par Thomas Coleman du Pont à destination des fermiers et des entreprises pour faciliter le transport des marchandises dans le Delaware. Il appréciait également de pouvoir rouler sur une route lisse et dégagée quand il partait pour de longues virées le dimanche.

Traditionnellement, le sud de l'État a toujours été plus rural, plus blanc et plus sudiste. Quand on était originaire du comté de Sussex, on disait simplement qu'on venait de « sous le canal ». Les fermiers y cultivent du maïs, du soja et élèvent des poulets, qui sont deux cents fois plus nombreux que les habitants du Delaware.

Nous avons tout connu, Beau et moi. Les locaux et les pique-niques du Parti démocrate tiennent autant de place dans notre enfance que les cabanes dans les arbres et les soirées pyjama. Avant même que nous ne sachions marcher, maman nous embarquait dans des paniers pique-nique à des réunions, des rencontres et des campagnes de porte-à-porte dans un État où l'on pouvait presque littéralement frapper à toutes les portes. Plus grands, nous attendions la fin de la messe à l'église épiscopale méthodiste africaine de Bethel de Wilmington pour pouvoir serrer la main aux flots de paroissiens noirs qui sortaient des grandes portes rouges de l'édifice. Nous suivions papa dans le comté rural de Kent, rendant visite à des gens dont la famille possédait le même élevage de poulets depuis deux cents ans. Nous descendions plus au sud dans le comté de Sussex, où Beau et moi, nous nous battions pour remporter une tarte à la noix de coco lors d'enchères organisées au profit d'églises ou d'écoles. Il nous arrivait d'être les seuls à surenchérir.

Bien que dans le sud des États-Unis la plupart des gens estiment que le Delaware est un État du Nord, une communauté comme Gumboro, près du Great Cypress Swamp, qui accueille chaque année le Gumboro Mud Bog, une course de 4×4, est tout aussi sudiste qu'une bourgade de Géorgie.

L'État est un tel creuset que l'on voit aisément d'où mon père et plus tard Beau ont tiré leur capacité politique apparemment innée à comprendre des gens de tous horizons, de toutes origines et de toutes convictions idéologiques. Quand on grandit dans le Delaware, on n'est pas forcément conscient de vivre dans un pareil microcosme. Mais quand on est le fils de Joe Biden, on n'a pas le choix : non seulement on apprend à s'entendre avec toutes sortes de gens, mais on en vient à comprendre ce qui les anime, ce qui est essentiel pour eux et ce dont ils ont réellement besoin.

C'est l'État qui nous a adoptés, Beau et moi, quand notre mère est morte.

Nous n'avons jamais pleuré la mort de notre maman et notre petite sœur. Nous n'avons jamais pensé que nous devions les pleurer. C'est en partie dû au fait que nous étions si jeunes, naturellement. Mais plus encore, c'est grâce à notre père qui a su mobiliser héroïquement toute la famille afin que nous soyons constamment entourés d'amour.

Au fil des années, nous avons souvent parlé, Beau et moi, de la chance qui avait été la nôtre malgré la tragédie. Quand il nous arrivait d'être tristes, nous avions presque honte de l'admettre tant nous étions enveloppés par ce cocon familial. Pour nous, c'était quasiment une trahison de dire que notre maman nous manquait, alors que, dès notre sortie de l'hôpital ou presque, la sœur de papa – notre tante Val – s'était installée chez nous, et non seulement avait veillé sur nous au quotidien, mais nous avait prodigué toute la chaleur, la tendresse et l'affection d'une figure maternelle. Le frère de mon père, oncle Jimmy, avait transformé notre garage en appartement pour être une présence constante dans notre vie. Nos nombreux oncles et tantes s'occupaient également de nous, ainsi que nos grands-parents – je me souviens encore comment ma grand-mère me réconfortait en posant simplement la main sur mon visage, en me grattant le dos quand j'étais au lit ou en me réchauffant un bol de sa soupe maison au bœuf et aux légumes.

Je pense ne jamais avoir pleinement surmonté la violence

de l'accident en lui-même, qu'il ait réellement resurgi dans ma mémoire ou reste enfoui dans mon subconscient. Le fait est qu'il s'est bel et bien produit et que Beau et moi étions là.

La seule question que nous ne nous soyons jamais posée, c'est : « De quoi tu te souviens ? » Je ne sais pas pourquoi. Je ne sais pas si ça nous est jamais venu à l'idée.

Nous avons sans doute été marqués de la même manière par ce jour et ses répercussions, mais cela s'est manifesté de façon différente chez chacun de nous. Je suis convaincu que le traumatisme et le stress ont contribué aux problèmes de santé de mon frère. Il gardait beaucoup de choses pour lui et je ne peux pas m'empêcher de penser que ça a fini par laisser des traces, même s'il se montrait toujours positif.

Quant à moi, que ce soit clair : je ne considère pas que cette tragédie ait nécessairement conduit à des comportements susceptibles d'entraîner des addictions. Ce serait une excuse trop facile. Mais je comprends mieux ce que je ressens parfois, le malaise qu'il m'est arrivé d'éprouver dans des moments incongrus, en particulier en présence d'autres gens – lors de fêtes, d'événements politiques, de rencontres fortuites dans une école ou un aéroport, ou pendant une réunion. Lorsque j'étais enfant, c'étaient des moments de solitude, et c'est encore le cas aujourd'hui. Ce type d'insécurité est une constante parmi les gens qui ont de réels problèmes de dépendance – on se sent seul au milieu de la foule.

Je me suis toujours senti seul au milieu de la foule.

Même si nous n'en parlions pas quand nous étions jeunes, j'avais une conscience aiguë de la mort de maman – de son absence. J'aimais entendre des proches me parler d'elle et je me raccrochais à l'image qu'ils me donnaient d'une femme exceptionnelle, forte, compatissante. Ils disaient d'elle qu'elle était intelligente, déterminée, belle. Le mot qui revenait le plus souvent était « élégante », qui décrivait à la fois sa manière d'être et son allure. Elle avait quelque chose de presque majestueux tout en restant éminemment accessible. Elle était d'une loyauté absolue, était elle-même une grande politique et une force inébranlable qui avait permis à mon père d'accéder au Sénat à l'âge ridiculement jeune de vingt-neuf ans.

Ce que je ne mesurais pas en revanche, c'est que depuis sa disparition il manquait une pièce dans le puzzle familial. Bien que ce vide ait été comblé par un entourage merveilleux, ce qui était perdu n'a jamais pu être retrouvé. Comme si l'on avait arraché un fragment d'un tableau pour le remplacer par une jolie reproduction. Notre famille n'en demeurait pas moins une belle composition, née d'une tragédie et restructurée avec une volonté extraordinaire d'assurer le bien-être des deux enfants que nous étions, mon frère et moi. Mais pour moi, il manquait toujours la pièce d'origine, disparue à jamais.

Quand notre père s'est remarié après « l'accident », comme on l'appelait, il nous a donné en prime la mère qui est la nôtre aujourd'hui. (« Quand est-ce qu'on se marie ? » le harcelions-nous, l'encourageant sans cesse à lui faire sa demande.) Jill Biden, professeure de lycée de Willow Grove, en Pennsylvanie, a assumé son rôle maternel de façon admirable – sous le regard d'un public intrigué. Je la considère comme ma mère autant qu'il se puisse être.

Cela ne m'empêchait pas de regretter ce que j'avais perdu, même si je ne m'en souvenais presque pas.

Il m'a fallu plus de quarante ans pour admettre cette perte originelle, traiter ce traumatisme originel, reconnaître cette souffrance originelle. Et autant de temps pour comprendre que, en agissant ainsi, je ne trahissais pas ceux qui avaient fait leur possible pour nous éviter de trop souffrir, Beau et moi.

Je garde un souvenir presque idyllique de mon enfance. Je passais le plus clair de mon temps avec Beau à sillonner en VTT les petites routes des environs de Wilmington, marcher le long des voies de chemin de fer et construire des cabanes en forêt.

Parfois, on se postait au bord de Buck Road avec un copain pour jeter des glands sur les voitures. On avait des règles strictes : ne jamais en jeter sur une voiture conduite par une femme ou une personne âgée. Notre cible de prédilection était les jeunes au volant de minivans, mais en réalité on visait tous les gens qui étaient susceptibles de s'arrêter pour nous courir après. On avait toute une série de planques le long de la route qui étaient idéales pour lancer les glands et se cacher aussitôt. C'était d'une bêtise sans nom et on adorait ça.

Certains jours, on allait dans une supérette dépenser l'argent qu'on gagnait en tondant les pelouses pour s'acheter des Coca, des hot-dogs ou des barres chocolatées, et jouer à des jeux vidéo – *Centipede, Space Invaders* – jusqu'à ce que les vendeurs, excédés, finissent par nous chasser. On filait à vélo à la station-service Gulf pour se faire un peu d'argent en nettoyant les vitres des conducteurs jusqu'à ce que le propriétaire s'énerve lui aussi. On allait alors au Gandalf's, un vidéoclub d'une galerie marchande, et on se faufilait en douce dans la section des films X tout au fond de la boutique.

Quand on était à la maison, Beau et moi, on jouait au basket ou au foot pendant des heures, en se bagarrant comme des chiffonniers. Le week-end, nos copains venaient jouer avec nous. En hiver, on faisait du hockey sur l'étang gelé, derrière chez nous. Quand on en avait marre, on sortait les pistolets à billes.

Comme il n'y avait qu'un jour d'écart entre nos anniversaires, nous les fêtions ensemble, en alternant la date : le 3 février une année, le 4 l'année suivante. Toute la famille – tantes, oncles, cousins – venait les célébrer avec nous. On alternait aussi le menu du repas : pour moi tourte au poulet maison, et pour Beau spaghetti et boulettes de viande. Mais quand venait le moment de souffler les bougies, il y avait chaque année un gâteau à la vanille avec un glaçage au chocolat pour moi et des brownies (avec bougies) pour Beau.

Ces grandes réunions familiales se reproduisaient chaque année pour le réveillon de Noël – et cela uniquement pour nous soutenir, mon frère et moi. Au fil des années, j'ai vu, sans toujours mesurer notre chance, toute la famille se conduire avec nous avec une générosité désintéressée. Ils ont tous été successivement les héros de notre histoire, ils ont tous accompli de véritables prodiges. C'était l'expression évidente de l'amour qu'il portait à mon père, qui avait compris quelque chose de rare, de fabuleux : le traumatisme nous avait fait don l'un de l'autre.

Beau disait toujours que son rôle de grand frère était en particulier de me protéger. Jill et lui passaient leur temps à plaisanter, faisant parfois de l'humour à mes dépens, juste pour rire. J'étais plus sensible, ou simplement pas assez mûr, et très souvent je ne comprenais pas leurs blagues. Notre nouvelle mère se débrouillait à merveille, d'autant que tout le monde l'observait. Bien qu'elle me manifeste son amour de toutes sortes de façons qui ne me sont apparues que plus tard – ne serait-ce que par son indéfectible loyauté –, le rythme et la dynamique de la vie à la maison avaient un peu changé. Cela me perturbait. J'ai commencé à faire l'idiot à l'école, rien de bien grave, juste de petites rébellions ridicules.

Au cours moyen, j'ai été transféré de l'école quaker Wilmington Friends à St Edmond's Academy, une école catholique de garçons. Cette année-là, Beau passait de l'école primaire au collège de Wilmington Friends, qui était en face, et, même si je n'avais pas changé d'école, nous n'aurions plus été dans le même bâtiment. Je ne sais plus exactement pourquoi je voulais changer ; je devais être trop sensible. Mon meilleur ami à Wilmington Friends, David, était en effet atteint de mucoviscidose et tout le monde pensait qu'il ne dépasserait pas l'âge de dix-huit ans. À la récréation, je restais dans la classe avec lui pendant qu'il prenait son médicament, puis l'instituteur nous donnait chacun un Tootsie Roll. On sortait alors pour profiter des dernières minutes de liberté et certains enfants se moquaient de nous avec une cruauté impitoyable.

St Edmond's ne m'a pas réussi davantage. Je crois que je détiens encore le record de mauvais points de l'école. La dernière année de primaire, j'ai demandé un jour si je pouvais aller aux toilettes, où j'ai retrouvé deux camarades. On s'est mis à faire les fous en se jetant du papier toilette à la figure et en escaladant la cloison des cabinets pour uriner d'en haut. Mr Fox, un instituteur que je détestais, a débarqué, furieux. Je savais que j'aurais des ennuis à la maison, alors j'ai décidé de m'enfuir.

Conscient que si je le quittais Beau serait accablé de chagrin, je lui ai écrit une lettre aussi mélodramatique que sincère : « *Cher Beau, je t'aime plus que tout au monde mais je ne peux plus* rester *ici. Je reviendrai te voir, mais là, il faut que je* parte. *Surtout, ne me cherche pas.* » Puis je me suis caché sous mon lit. Un peu plus tard, j'ai entendu mon frère pleurer et dire à notre mère entre deux sanglots que c'était à cause d'elle que j'étais parti. Papa a appelé et Jill lui a dit qu'elle partait à ma recherche avec Beau. Quand ils sont partis, je suis sorti discrètement et j'ai grimpé à un arbre du jardin. Je n'ai pas bougé quand Beau et notre mère sont revenus. Beau était toujours aussi triste et ça m'a réconforté de voir que je lui manquais tant. J'étais comme Tom Sawyer assistant à son propre enterrement.

Puis mon père est arrivé. Je ne savais pas quoi faire. Je ne pouvais pas rester caché dans cet arbre toute la nuit. J'ai fini par en descendre et je suis rentré en me préparant au pire. Mais ils étaient tous fous de joie de voir qu'il ne m'était rien arrivé. Et puis Jill m'a dit qu'en fait elle n'aimait pas trop Mr Fox non plus. Ça m'a touché.

J'ai réintégré Wilmington Friends l'année suivante.

Tous les soirs ou presque, une autre forme d'éducation nous était dispensée au dîner. Depuis cinquante ans, il n'y a guère de faits politiques marquants dans lesquels mon père n'ait pas joué un rôle. Par conséquent, nous étions des observateurs privilégiés de l'histoire du point de vue d'un de ses acteurs majeurs. Quand des problèmes cruciaux étaient abordés à table – le contrôle de l'armement en Union soviétique, les sanctions économiques contre l'Afrique du Sud –, nous lui demandions quasi systématiquement : « C'est quoi, le plan, papa ? Qu'est-ce que tu vas faire ? »

Beau et moi, nous adorions ces discussions approfondies sur les événements contemporains, où notre père commençait généralement par nous brosser l'arrière-plan historique, parfois sur des siècles, avant de nous décrire les personnalités et les dynamiques en jeu du moment.

La politique courante de Washington – les divisions en matière de politique générale et les batailles législatives – revenait constamment dans la conversation car elle avait un impact sur la carrière de notre père. Chaque fois qu'il en avait l'occasion, nous voulions tous les deux qu'il se présente aux élections présidentielles. Nous lui donnions un million de raisons pour lesquelles il gagnerait, mais notre avis n'était pas très objectif : nous, ses fils, étions persuadés que notre père pouvait marcher sur les eaux.

Sa campagne pour les primaires démocrates de 1987, alors que nous étions adolescents, s'est achevée brutalement. Nous avons été accablés. Il était accusé de plagiat pour avoir emprunté sans le citer des passages d'un discours donné par Neil Kinnock, le leader du Parti travailliste britannique. C'était un véritable assassinat politique en cette période pré-Clinton où la moindre faute pouvait couler un candidat. Dans l'environnement actuel, ce ne serait qu'une broutille.

Pour Beau et moi, c'était terrible de voir l'homme que nous vénérions être publiquement humilié de telle façon. J'ai même voulu casser la figure à des agitateurs qui narguaient papa lors d'un match universitaire de sprint football où jouait Beau, mais les copains de mon frère nous ont séparés. Bien que l'arrêt de la campagne lui ait manifestement pesé, notre père ne s'est pas affolé pour autant. Il s'est retiré en septembre puis a fait ce qu'il a toujours fait : il s'est remis au travail.

Nous avions beau être des fils de sénateur, nous faisions résolument partie de la classe moyenne. Nous avions une belle maison à Wilmington qui avait appartenu à la famille du Pont, mais il y avait des tonnes de réparations à faire. Tous les hivers, papa montait une cloison de placoplâtre pour en condamner la moitié parce que nous n'avions pas les moyens de la chauffer entièrement. Il enfilait une combinaison de protection pour retirer lui-même l'amiante des canalisations du sous-sol. Chaque été, papa, Beau et moi repeignions un côté de la maison – quand j'étais plus jeune, mon père me tenait par les chevilles aux fenêtres du second étage pour que je passe une couche de peinture sous l'avant-toit. Le temps que tous les côtés soient terminés, la façade avait besoin d'être repeinte et nous recommencions. Nous avons planté des cyprès de deux mètres de haut en guise de haie tout autour du jardin de plus de quinze mille mètres carrés. Si nous n'avions pas fini de tondre le gazon le week-end, le soir, en rentrant des cours, nous trouvions papa sur le tracteur-tondeuse, sillonnant phares allumés la pelouse jusque dans la nuit.

J'ai commencé à tondre la pelouse chez les voisins avec Beau pour gagner un peu d'argent quand j'avais onze ans, et chaque année nous devions trouver un job d'été. Mon premier véritable emploi, quand j'ai eu l'âge minimum requis, était au Brandywine Zoo. J'enlevais des pelletées de fumier de lama aussi hautes que moi et débouchais l'évacuation du bassin des loutres, où elles m'attaquaient parfois sous les yeux des visiteurs qui regardaient la scène à travers la vitre.

On travaillait également pour une entreprise frigorifique. On commençait dans la salle d'inspection, où un agent de l'USDA (le département de l'Agriculture des États-Unis) choisissait six cartons au hasard dans un conteneur rempli de pièces de trente kilos de bœuf congelé provenant d'Australie et de Nouvelle-Zélande. On coupait une épaisse tranche à la scie électrique, on l'emballait dans du plastique, on la dégelait en la mettant dans une cuve d'eau presque bouillante, puis on la présentait à l'inspecteur.

Par la suite nos trajectoires ont divergé. Beau est devenu responsable du quai – le type avec un casque de protection et une blouse blanche qui se baladait avec un clipboard en marquant les cargaisons destinées au congélateur et faisait signer des documents aux conducteurs de transpalette, c'était lui. Il travaillait de huit heures à seize heures et ne se salissait jamais les mains – tout au long de ses études, il a travaillé dans des bureaux. Moi je déchargeais des cartons de trente kilos de conteneurs remplis du sol au plafond, travaillant souvent de six heures à vingt-deux heures. C'était mieux payé et on avait des heures supplémentaires. J'ai aussi travaillé dans un restaurant local de Greenville, Delaware, tout d'abord comme serveur, avant d'être rétrogradé au rang de commis de salle, puis de plongeur. Plus tard, j'ai garé des véhicules pour une société de voituriers et poussé un chariot dans les bâtiments du Sénat afin de livrer les photos prises avec les visiteurs.

Dès le début, Beau a été plus avisé dans ses choix. Au lycée, on le surnommait « le shérif ». Il était non seulement le capitaine de soirée, mais le capitaine tout court. Les parents savaient que tant que leurs enfants étaient avec lui, il ne pouvait rien leur arriver. Beau refusait à des amis de venir à des soirées parce qu'ils buvaient trop ; quand Beau nous disait d'arrêter de boire, on arrêtait de boire. C'était lui seul qui décidait et tout le monde l'acceptait. Mais il ne se comportait pas comme une mère poule, il s'amusait autant que nous. Nous savions seulement qu'il conservait tout son jugement, quand le nôtre était parfois défaillant.

Tout le monde adorait Beau, surtout moi bien sûr. À l'époque déjà, il était charmant, accessible et charismatique. Il avait le sourire facile, parfaitement sincère. Il dégageait en toutes circonstances une confiance absolue en lui-même. Où que ce soit, les gens allaient toujours vers lui. Il avait toujours plein d'énergie, toujours envie de faire quelque chose, que ce soit faire du sport ou sortir. Il était capitaine de l'équipe de tennis du lycée et jouait dans celle de foot. Il a su très tôt qu'il se destinait à la politique. C'était son souhait. Tous les ans, il était délégué de sa classe.

Il était aussi d'une drôlerie irrésistible, avec souvent un humour décapant. Il pouvait être cinglant mais jamais méchant. Il avait l'esprit de compétition, sans que cela vire à l'obsession – c'était tout sauf un imbécile. Il était un peu monomaniaque dans sa façon de s'habiller : pantalon beige ou jean, polo Izod ou chemise Brooks Brothers et plus ou moins les mêmes mocassins qu'il alignait parfaitement au bas du mur avant d'aller se coucher. Il avait des cils incroyablement longs qui soulignaient ses yeux bleus éclatants. Et des cheveux magnifiques. Enfant, c'était un des rares dont les autres ne jalousaient pas la beauté. Au contraire, ils se sentaient tous plus épanouis quand ils étaient avec lui.

Il n'évitait pas les conflits, ne les fuyait pas, mais il ne les provoquait ou ne s'y engageait qu'avec réticence. Quand on était gamins, on se disputait pour des histoires de gamins : à qui le tour de jouer sur l'Atari, quelle émission regarder à la télé, de quel côté du canapé l'autre devait s'asseoir. Plus tard, on se disputait au sujet de l'itinéraire à suivre pour aller quelque part, de l'heure à laquelle on devait partir. Beau était systématiquement en retard, il n'avait aucune notion du temps. Quand on était censés être cinq minutes après dans un endroit qui se trouvait à vingt-cinq minutes de là, il haussait les épaules en disant : « On y sera. » Ça me rendait dingue.

Plus que tout, Beau était un vrai boute-en-train. Les situations les plus banales étaient pour lui des occasions de s'amuser. Il aimait la musique autant qu'il aimait conduire et combinait généralement les deux. Il était fou de la première voiture que papa nous avait achetée, une Chevrolet Caprice Classic décapotable de 1972, verte avec des sièges en vinyle blanc, qu'il avait eue pour 2 100 dollars aux enchères automobiles de Manheim. Nous avons passé beaucoup de temps à rouler tous les deux, et systématiquement il mettait de la musique et chantait en même temps. Il aimait écouter WXPN, qui était alors la radio libre de l'université de Pennsylvanie. Ses goûts musicaux allaient des Grateful Dead à Crosby, Stills & Nash en passant par les premiers titres de R.E.M. et les Hooters.

Nous étions si inséparables qu'on nous appelait souvent par un seul nom : Beau-et-Hunt. Nous allions ensemble à toutes les soirées, toutes les fêtes. Quand nous étions en couple, nous sortions toujours à quatre. Nous avions le même groupe d'amis.

Nous pensions de la même manière, mais agissions différemment. Quand nous allions en haut d'une falaise surplombant une gravière, nous avions aussitôt envie de sauter. Mais je n'avais pas de filtre. Je m'approchais du bord, je regardais en bas et disais : « On y va. » Beau, lui, arrivait à la même conclusion, mais d'une façon presque clinique : il jugeait la profondeur de l'eau, regardait s'il y avait des rochers. Finalement, on sautait ensemble. Nos amis trouvaient que nous étions différents, mais non distincts. Comme les deux faces d'une même pièce.

La plus grande différence entre nous était que je buvais, et lui non.

4

Ivre mort

La première fois que j'ai bu, dans mon souvenir, c'était une coupe de champagne quand j'avais huit ans. Mon père venait d'être réélu au Sénat en 1978 et j'assistais à une soirée de célébration de la victoire à l'Archmere Academy, à Claymont, le lycée qu'avait fréquenté mon père et où nous devions aller par la suite, Beau et moi. Je me suis glissé sous une table avec la coupe et je l'ai vidée. Je ne savais pas ce que je faisais – pour moi, le champagne n'était qu'une boisson gazeuse comme une autre. Je ne voulais pas me saouler – j'aurais tout aussi pu me retrouver sous la même table à m'empiffrer de gâteaux. Il est probable que quelqu'un a fini par repérer ce gamin de huit ans qui faisait le pitre, une coupe vide à la main. Je me souviens seulement que mon grand-père m'a emmené dehors prendre l'air du côté du terrain de foot pour que je recouvre mes esprits.

La première fois que j'ai bu en sachant ce que je faisais – ou plus exactement en sachant ce que je ne devais pas faire –, c'était durant l'été de mes quatorze ans. J'étais allé dormir chez mon meilleur ami, qui avait un an de plus que moi. Ses parents sont sortis un moment, et on a piqué dans le garage un pack de bières qu'on s'est partagé. On était si jeunes qu'après trois bières on était ivres morts, et quand ses parents sont rentrés, on faisait semblant de dormir dans sa chambre. Le lendemain, je me suis réveillé assez tôt pour aller à la messe de neuf heures et je me sentais horriblement mal. Je me suis levé en plein milieu, je suis sorti et j'ai vomi. Papa a cru que j'avais la grippe.

Ce qui est troublant, avec le recul, c'est que je n'ai pas été dégoûté une seconde par le fait d'être totalement bourré et malade comme un chien. Au contraire, je trouvais ça plutôt cool. Malgré la culpabilité qui me rongeait à l'idée de décevoir mon père qui ne buvait pas et nous incitait à éviter l'alcool, j'avais envie de recommencer.

Peu de temps après, je suis parti avec Beau dans la région des Finger Lakes, comme chaque été, passer plusieurs semaines chez nos grands-parents maternels, Louise et Robert Hunter. (Je porte le nom de mon grand-père, Robert Hunter, tout comme le fils de Beau.) Leur maison de bardeaux entourée d'une véranda se dressait sur un terrain boisé de plus de trente hectares sur la rive sud du lac Owasco, au cœur de ce pays de cocagne qu'est le nord de l'État de New York.

Nous adorions tous les deux nos grands-parents. Ils ne s'étaient jamais remis de la mort de leur fille, naturellement, mais ils nous avaient ouvert leurs bras comme nous leur avions ouvert les nôtres, ce qui nous permettait à tous de continuer à ressentir l'amour immense que Neilia avait laissé derrière elle. Papa tenait à ce que nous connaissions les parents de maman et sa vie. Jusqu'à l'université, nous avons donc passé le mois d'août avec Mom-Mom et Da-Da au lac Owasco, ainsi que les vacances de printemps dans la maison de Floride où ils allaient en hiver.

Da-Da était un restaurateur qui possédait dans le centre-ville d'Auburn, dans l'État de New York, un *diner* à l'ancienne installé dans un wagon métallisé en bordure de la rivière Owasco. (Si vous allez au Hunter's Dinerant, vous verrez la photo de mes grands-parents qui trône encore au-dessus des tartes maison.) C'était un lieu où tout le monde se retrouvait autant qu'une cantine, et quand mon grand-père n'avait pas vu quelqu'un depuis un moment, il lui rendait visite pour s'assurer qu'il allait bien.

Ce n'est qu'à sa mort, en 1991, que nous avons mesuré, Beau et moi, l'ampleur de sa générosité et de sa sollicitude envers les autres. Lors de ses obsèques, les gens ont défilé devant nous, un à un, pour nous dire que sans notre grand-père ils n'auraient jamais pu payer leurs études, acheter leur première maison ou lancer leur affaire.

Nous démarrions la journée en accompagnant Da-Da dans sa tournée, entassés avec lui à l'avant de sa Cadillac Eldorado aux allures de paquebot. Jusqu'à l'âge de onze ou douze ans, nous avions le droit de nous asseoir sur ses genoux à tour de rôle, et après il nous laissait remonter seul la pente raide de l'allée en pierre, la tête dépassant à peine du tableau de bord. Nous rendions visite à tous les proches qui vivaient non loin de là, à commencer par notre arrière-grand-père et notre arrière-grand-tante, Winona, qui ne parlait pas beaucoup – elle avait un handicap mental – mais nous accueillait avec un sourire d'une douceur incroyable qui illuminait tout autour d'elle.

Nous passions aussi du temps avec les deux frères de maman, oncle Mike qui nous emmenait à la pêche et oncle Johnny, un monteur de réseaux électriques de la compagnie Niagara Mohawk qui nous emmenait camper quelques jours dans sa caravane pliante. C'est seulement à l'adolescence que nous avons appris qu'ils n'étaient pas les frères biologiques de maman. En réalité, c'étaient ses petits-cousins. Le frère de Da-Da, qui était mort avant ma naissance, était un alcoolique qui avait une fille d'une dizaine d'années de plus que maman. Elle souffrait également de problèmes d'alcool et de drogue et avait eu deux enfants hors mariage. Da-Da et Mom-Mom les avaient adoptés tous les deux à la naissance. Je ne pense pas qu'on nous ait sciemment caché cette histoire pendant toutes ces années. Pour nous, ils étaient simplement des frères qui avaient grandi avec notre maman.

Ces étés étaient des parenthèses de bonheur en liberté : on passait les matinées chez tante Winona, ou avec oncle Johnny qui nous apprenait à jouer à la crosse, ou encore chez tante Grace et oncle Alan qui vivaient à Skaneateles, à côté de la maison d'enfance de maman ; puis les après-midi étaient occupés à se baigner dans le lac ou faire des parties de golf de trente-six trous et ramasser les balles sur des terrains où nous étions parfois seuls ; après quoi nous avions droit à des Texas Hots – des hot-dogs relevés d'une sauce piquante – et des glaces à l'italienne au Skanellus Drive-In.

Il nous arrivait de partir pour la journée avec Da-Da, à Cooperstown par exemple, à deux heures de là, pour visiter le Baseball Hall of Fame. Un été, nous avons trouvé tous les trois un vieux bateau en bois à moitié immergé qui s'était échoué sur les hauts-fonds du lac. Nous l'avons sorti et avons passé tout l'été à le réparer et le calfater. Puis Da-Da l'a équipé d'un petit moteur et nous sommes montés à bord. Nous n'étions pas peu fiers de l'avoir remis à flot, Beau, Da-Da et moi – jusqu'au moment où il a commencé à prendre l'eau alors que nous contournions la deuxième crique. Nous avons tout fait pour le ramener sur la berge, mais le bateau a coulé exactement où nous l'avions trouvé.

Ces étés tenaient une telle place dans notre vie que Beau et moi y sommes retournés pour la dernière fois en 2014. Nous y avons passé deux jours en allant voir le plus de gens possible. Six mois plus tard, Beau était mort.

Mais l'été précédant mon entrée au lycée s'est brutalement achevé pour moi quelques semaines après notre arrivée. Le garçon avec lequel j'avais bu ces bières est parti en virée dans une voiture volée avec une fille qu'on connaissait tous les deux. Il roulait à toute allure tout en buvant quand il a perdu le contrôle de la voiture et percuté un arbre. Il a survécu mais la fille a été tuée – la tragédie culpabilisante par excellence. Je suis rentré des Finger Lakes plus tôt pour être à ses côtés. Sa mère m'avait demandé de venir, pensant que j'étais capable de l'entourer tout en le laissant respirer. J'ai passé le reste de l'été avec lui. Il pleurait tous les jours. Je me contentais d'être présent pour lui.

Pourtant, quand les cours ont repris à la rentrée, quelque chose avait changé. Nous nous sommes éloignés. À l'époque, je n'ai pas compris, mais je suis certain que le fait que je l'aie vu tout l'été plus fragile et vulnérable qu'il ne l'avait jamais été le mettait dans une situation insupportable pour un adolescent. Il s'était tellement épanché sur sa souffrance que ma présence devait constamment la lui rappeler. Dans ce moment charnière où il essayait de laisser cette tragédie derrière lui pour aller de l'avant, elle devait sans doute lui peser.

Ma première année de lycée a été horrible. J'étais à Wilmington Friends, tandis que Beau était parti à Archmere, et je me sentais d'autant plus mal à l'aise que celui que je croyais être un ami proche me tournait le dos. Je faisais alors un mètre cinquante pour quarante kilos – moins de trois ans plus tard, je passerais à un mètre quatre-vingt-cinq et quatre-vingts kilos – et je jouais dans l'équipe de football. L'établissement était si petit que presque tout le monde jouait, ne serait-ce que dans l'équipe d'entraînement. J'adorais le football – l'équipe a remporté le championnat de l'État cette année-là – mais j'étais tellement chétif que j'ai eu des commotions cérébrales et plusieurs fractures : le bras deux fois, les doigts, un poignet, une cheville. Les plus grands s'en prenaient à moi parce que j'étais souvent blessé. Cela me faisait encore plus mal que mes blessures elles-mêmes. Je devais faire peine à voir. Même Beau m'a surnommé plus tard Lucas pour plaisanter, comme le personnage du film où Corey Haim campe un jeune lycéen coincé qui veut à tout prix jouer au football.

J'étais également de plus en plus obsédé par les filles – même si je n'avais pas encore atteint la puberté –, autre source de moquerie de la part des joueurs plus âgés. Ce printemps-là, je suis allé avec toute une bande à une fête organisée par des élèves de terminale et je me suis saoulé. Soudain, je me suis senti à l'aise au milieu de ces mêmes jeunes qui m'intimidaient depuis le début de l'année. J'ai abordé la plus jolie fille de l'école, une terminale d'un mètre soixante-dix-huit, et lui ai demandé si elle voulait être ma cavalière au bal de fin d'année. Elle s'est contentée de m'ignorer, heureusement, et je me suis fait bizuter après, y compris par mon ancien ami.

Mais l'alcool a été une révélation. Il semblait dissiper toutes les questions que me posait mon mal-être. Il m'enlevait mes inhibitions, mes complexes et souvent mon jugement. Il me donnait un sentiment de plénitude, comblait un vide dont je ne soupçonnais pas l'existence – un sentiment de chagrin, un sentiment d'être incompris, de ne pas réussir à m'intégrer.

L'année suivante, je suis passé à Archmere. Au lycée, je buvais régulièrement – surtout de la bière, et de temps en temps une bouteille quelconque que des élèves avaient piquée chez leurs parents –, mais jamais pendant la saison de football, et en semaine personne ne touchait à une goutte d'alcool. Mais notre quartier regorgeait de propriétés ayant appartenu à la famille du Pont et nous organisions des fêtes dans ces vieilles demeures hétéroclites. Beau était ennuyé que je boive, mais il ne m'a jamais ordonné d'arrêter. Ce n'était pas un donneur de leçons. On ne se faisait jamais la morale. Et ce n'était pas comme si j'étais incontrôlable. Je ne prenais pas le volant quand j'avais bu. C'était en général Beau qui m'accompagnait.

Ma dernière année de lycée a été la plus dure, du début à la fin. Beau était parti à Penn et même s'il n'était qu'à quarante minutes de chez nous, le fait qu'il ne soit plus à la maison représentait un énorme changement pour moi. Cela bouleversait tout notre mode de vie.

Et puis papa avait renoncé aux primaires démocrates quelques semaines avant la rentrée. Pour nous tous, c'était une déception rageante qui nous laissait déroutés. Il s'était retiré de la campagne électorale pour présider la commission judiciaire du Sénat portant sur la nomination controversée et historique de Robert Bork à la Cour suprême. Cette période a été l'une des plus tendues et des plus dévorantes de sa carrière au Sénat.

Mais tout cela n'était rien comparé à la rupture d'anévrisme à laquelle il a failli succomber en février 1988, moins de quatre mois après le rejet de la nomination de Bork par le Sénat. Il a été emmené d'urgence au Walter Reed Medical Center, où on lui a administré l'extrême-onction avant de l'opérer. Mon pire cauchemar – perdre papa ou Beau – semblait en passe de se réaliser. Il avait à peine récupéré quand il a été victime d'une embolie pulmonaire puis été opéré d'une nouvelle rupture d'anévrisme – le tout en l'espace de quatre mois. J'allais le voir presque tous les week-ends au Walter Reed. Il était méconnaissable : il avait des tubes partout, le crâne rasé, couvert d'agrafes, la partie gauche du visage tombante car on lui avait sectionné des nerfs. Je ne savais pas comment cela finirait – tout cela ne me rendait guère optimiste –, et de fait il n'est retourné au Sénat que sept mois plus tard.

Entre Beau qui était à l'université et notre mère qui passait son temps au chevet de papa, quand je n'étais pas moi-même à l'hôpital, j'étais le plus souvent seul. Au lycée, je me débrouillais bien, mais franchement, je ne garde que peu de bons souvenirs de cette année-là.

Et puis au mois de juin, j'ai fait une énorme bêtise : j'ai été arrêté en possession de cocaïne. C'était bien la dernière chose dont la famille avait besoin. C'était juste après la remise de diplômes, durant le Beach Week, une semaine de festivités de jeunes crétins organisée à Stone Harbor, dans le New Jersey. J'avais déjà pris de la coke trois ou quatre fois ; il y avait eu une période au printemps, juste après la saison de football, où certains s'étaient mis à en consommer, mais je ne faisais pas partie des habitués. Le deuxième soir du Beach Week, cependant, j'ai sniffé un rail avec un copain et une fille de notre classe dans une voiture garée devant la maison où se tenait la fête. La police est intervenue pour faire cesser le tapage et quelqu'un a dû nous dénoncer. Les policiers ont toqué à la vitre de la voiture, trouvé la drogue et nous ont embarqués.

J'avais dix-huit ans. J'ai écopé de six mois de sursis probatoire, après quoi la condamnation a été effacée de mon casier judiciaire. (Je l'ai révélée moi-même lors d'une audition d'une commission du Sénat de 2006 portant sur ma nomination au conseil d'administration d'Amtrak.)

Cela m'a servi de leçon – quelque temps. Je n'ai plus retouché à la coke de tout l'été, et seulement de rares fois à l'université. Beau était étonné que j'aie pris de la cocaïne, mais il m'a aidé à m'en sortir.

Je savais que j'avais déçu mon père. Il était encore convalescent, encore fragile, mais il avait beau être fâché, naturellement, je savais à l'époque déjà que, quoi que je fasse, il m'aimerait toujours. Il était plus strict que les autres parents – nous devions rentrer à une heure précise ; si nous passions la nuit chez un copain, nous devions l'appeler à minuit. Mais du moment que nous n'avions pas agi par méchanceté ou pour faire du mal, il continuait à nous aimer malgré nos bêtises. Beaucoup de parents punissent leurs enfants en les privant d'amour. Mon père n'a jamais été comme ça.

Avec lui, c'était un autre genre de punition : j'ai commencé à travailler douze heures par jour comme simple manœuvre sur un chantier qui se trouvait derrière chez nous. C'est le pire travail que j'aie jamais fait. Un jour, alors qu'ils posaient les fondations après un énorme orage, j'ai dû patauger avec de la glaise jusqu'à la taille pour marquer l'emplacement des parpaings. L'ouvrier qui conduisait la pelleteuse a ramassé un énorme tas de boue et profité d'un instant où je ne regardais pas pour me le balancer dessus. Il était mort de rire. J'ai failli quitter le chantier sur-le-champ – j'aurais dû. Mais je savais que c'était impossible : j'avais vraiment fait une énorme connerie dans le New Jersey.

Beau a attendu d'avoir vingt et un ans, l'âge légal, pour boire son premier verre. Il ne buvait qu'en société et a totalement arrêté à trente ans. À cela il y avait une raison : notre père et son aversion revendiquée à l'égard de l'alcool. Dans sa jeunesse, papa avait vu des proches qu'il adorait – des gens intelligents et cultivés de la classe ouvrière – se lancer dans de grandes discussions autour de la table de sa grand-mère Finnegan, puis il les avait vus sombrer peu à peu dans l'ivrognerie. Certains avaient des problèmes d'alcool depuis le lycée. Pour lui, c'était un souci majeur dans son histoire familiale. Cela lui faisait peur. Il avait décidé de ne pas se laisser entraîner et nous encourageait, Beau et moi, à faire de même.

Beau a réussi. Pas moi.

J'avais hâte d'entrer à l'université. Mon premier jour à Georgetown, je suis allé voir l'entraîneur de football. J'ai couru un sprint sur 30 mètres en faisant un bon chrono et il m'a dit de me mettre en tenue – preuve s'il en est que l'équipe de Georgetown n'est pas près d'égaler celle d'Alabama. J'ai joué environ deux semaines. C'était horrible. D'une part, je faisais de la figuration dans une équipe où ils se connaissaient tous pour s'être entraînés ensemble durant la pré-saison. D'autre part, à cause des entraînements quotidiens qui commençaient à six heures du matin, je passais à côté de toutes ces soirées où les étudiants se retrouvaient pour discuter et faire la fête. Je n'étais pas franchement sociable de nature, et en plus j'avais l'impression de ne rencontrer personne. Alors que Beau avait intégré une fraternité à Penn, je n'en avais pas eu la possibilité à Georgetown. Par ailleurs, je ne voulais pas me retrouver en position de laisser quelqu'un décider de me choisir ou non. Je savais que je l'enverrais se faire foutre.

J'avais envie de rentrer. Papa le savait. Il appelait régulièrement pour m'annoncer qu'il devait rester à Washington en invoquant un prétexte quelconque et m'invitait à dormir dans un hôtel proche du Capitole où nous dînions et passions la soirée ensemble. Sans cela, je n'aurais jamais supporté les premiers mois. Même si cela s'est amélioré par la suite, je n'ai jamais été à l'aise à Georgetown.

Je buvais, mais pas plus que les autres généralement. J'avais un système de régulation naturel qui m'aidait à maîtriser ma consommation : je n'avais pas assez d'argent pour beaucoup boire dans les bars, même si je me débrouillais d'une manière ou d'une autre. Au Tombs, un repaire d'étudiants, si on avait les moyens de prendre un pichet et qu'on connaissait le barman, on pouvait s'arranger pour qu'il le remplisse à volonté. Il m'arrivait de venir prendre le brunch avec des amis et de ne repartir qu'à deux heures du matin.

Je profitais de la plupart de mes week-ends libres pour aller voir Beau à Penn ou travailler à mi-temps pour le service de voituriers. Je m'étais également lié d'amitié avec plusieurs jeunes prêtres jésuites progressistes et m'étais intégré à divers groupes du campus. Notamment Agape, un programme de retraite spirituelle, et le Center for Immigration Policy and Refugee Assistance, un des premiers groupes de réforme de la législation sur les immigrants.

Entre ma troisième et ma quatrième année d'université, j'ai passé un mois au Belize avec les Jesuit International Volunteers – une sorte de mélange du Peace Corps et de l'AmeriCorps dirigé par les Jésuites. Avec le père Dziak, un prêtre dévoué, et neuf autres étudiants, nous avons mis en place un programme de camp d'été pour les enfants défavorisés de la petite ville côtière de Dangriga, qui est à présent reproduit dans plusieurs autres pays.

Un autre prêtre, Bill Watson, m'a encouragé à passer un an au sein du Jesuit Volunteer Corps aux États-Unis après mon diplôme, en m'expliquant qu'il y avait là autant de communautés dans le besoin qu'ailleurs dans le monde. J'ai tout de suite signé, et j'ai été affecté dans une réserve indienne de l'État de Washington. Les quatre étudiants bénévoles qui étaient là l'année précédente ayant tous décidé de rester, on m'a proposé une place dans une église de Portland, dans l'Oregon. Je travaillais dans une petite banque alimentaire installée au sous-sol. Je me souviens des mères célibataires qui n'avaient pas de quoi manger pour la semaine, à qui on avait coupé l'eau, l'électricité ou le gaz, ou qui étaient menacées d'expulsion. Je les défendais en appelant les fournisseurs pour qu'on leur remette le chauffage ou en contactant les services sociaux pour veiller à ce que leurs familles ne soient pas jetées à la rue. Ensuite, je livrais des denrées essentielles prises dans nos stocks, essentiellement à des personnes âgées et des mères d'enfants en bas âge qui n'avaient pas de moyens de transport. L'après-midi, je participais à un programme d'activités extrascolaires destiné à des enfants du primaire, que leurs parents venaient chercher après leur travail. Et quand le dernier enfant était parti, je prenais le bus pour me rendre, à l'autre bout de la ville, dans une église qui abritait un centre de socialisation pour les adultes souffrant de handicap mental, dont beaucoup étaient d'anciens combattants. J'y allais pour voir la jolie bénévole blonde de Chicago qui le dirigeait : Kathleen Buhle.

Nous nous étions rencontrés lors du parcours d'intégration. Il y avait trois maisons de bénévoles jésuites à Portland, qui hébergeaient chacune six à huit personnes. Nous mettions en commun nos indemnités pour organiser des repas et nous discutions pendant des heures. Nous venions d'universités des quatre coins du pays – Kathleen était diplômée de St Mary's dans le Minnesota –, mais nous étions animés par un même dévouement idéaliste à la justice sociale et une même volonté de changer le monde. Il y avait entre nous une incroyable camaraderie. Nos héros étaient les six prêtres jésuites assassinés en 1989 au Salvador. Nous avions adopté la théologie de la libération qu'ils prêchaient, radicale au sein du courant catholique dominant, qui mettait l'accent sur la condition sociale et politique des pauvres et des opprimés. Nous étions inspirés par la prière des activistes : « Touche mon cœur d'une vérité brûlante comme le feu. »

C'était libérateur. En vivant à près de cinq mille kilomètres de là où j'avais grandi, j'avais l'impression d'avoir échappé à ce que l'on attendait de moi. J'avais plus confiance en moi, j'étais plus proche de ma véritable nature. Je m'étais laissé pousser la barbe, portais un blouson en cuir, prenais le bus. Je passais des heures au Powell's Books avec juste de quoi me payer du café à volonté, puis j'allais au Nobby's et buvais des pressions à cinq cents. Je lisais de tout, de John Fante à Aldous Huxley en passant par Lao Tseu. À l'époque, mon roman préféré était *Le Postier* de Charles Bukowski, où il est question d'un ivrogne fauché – funeste présage de ce que serait un jour ma vie.

Après avoir tenu mon journal, composé des poèmes et dessiné des croquis pendant des années, avec plus ou moins en tête de devenir écrivain ou peintre, j'avais trouvé là un environnement qui semblait nourrir ces projets. Papa m'a raconté que maman, lorsque j'étais encore dans son ventre, lui avait dit que je serais un artiste, elle en était certaine. Petit, je dessinais tout le temps, me perdant dans des croquis de personnages ou inventant d'interminables labyrinthes sur des pages de carnet. Quand j'étais adolescent, puis à l'université, je faisais lire à Beau des poèmes que j'écrivais et envoyais parfois anonymement à des revues et des magazines. Ils lui plaisaient beaucoup et il m'encourageait à continuer ; il me disait qu'il aurait aimé être auteur-compositeur-interprète. Papa m'a toujours dit que j'étais libre de faire ce que je voulais, mais je n'ai jamais eu suffisamment de courage ou de confiance en moi pour poursuivre dans cette voie artistique.

Puis Kathleen est tombée enceinte. Nous nous sommes mariés quatre mois plus tard, le 2 juillet 1993. Nous avons d'abord fêté nos fiançailles avec nos amis et nos familles chez mes parents dans le Delaware, et la cérémonie s'est déroulée une semaine après à Chicago, à l'église St Patrick, un bastion du quartier irlandais surnommé Old St Pat's car la bâtisse en brique jaune date d'avant le grand incendie de la ville en 1871. La réception a eu lieu dans la salle de bal du Knickerbocker Hotel, en face du Drake, le fameux palace de Chicago. C'était très réussi. Nous étions très amoureux, Kathleen et moi ; même si elle n'avait pas été enceinte, nous n'aurions pas tardé à nous marier. Naomi, baptisée ainsi en hommage à la petite sœur que j'avais perdue, est née en décembre. J'étais aux anges.

J'étais également à un tournant. J'avais été accepté à la faculté de droit de Georgetown, de Duke et à celle de Syracuse. Beau était en seconde année à Syracuse, où papa avait également fait ses études de droit, et il avait déjà décidé de faire carrière dans l'administration. Je savais que cette université avait un cursus de création littéraire réputé – un de mes auteurs préférés, Raymond Carver, y avait enseigné, et Tobias Wolf, un autre de mes écrivains fétiches, y était professeur. J'avais demandé à être admis au MFA Program, le master de création littéraire, et ma candidature avait été retenue. J'envisageais de faire un double cursus MFA et droit. Mais à présent, tout cela semblait un peu ridicule. Étudier la littérature à Syracuse était un rêve qui n'était guère compatible avec la nécessité de subvenir aux besoins d'une famille. Et nous ne nous voyions pas vivre avec un nouveau-né aussi loin de chez nous. La décision la plus sage était d'entrer à la fac de droit de Georgetown et d'enterrer mes velléités artistiques.

C'est ce que j'ai fait. Je suis retourné à Georgetown, en droit ; j'aurais préféré Yale, mais je n'avais pas été accepté. Après ma première année, j'ai envoyé une nouvelle demande d'inscription, en y joignant un poème que j'avais écrit – ce que tout le monde m'avait déconseillé de faire. La lettre d'acceptation de Yale mentionnait qu'au vu de mes résultats et de mon investissement durant ma première année de droit à Georgetown, j'avais certes toutes les qualités requises, mais que c'était mon poème qui me valait d'être admis, car ils n'avaient jamais rien reçu de semblable.

Beau comprenait ma démarche, mais il était déçu que je ne me sois pas lancé dans un master de création littéraire.

Les années à New Haven ont été ardues, tant sur le plan des études que financièrement. Mais elles ont également été fabuleuses, comme souvent ces périodes où on est jeune et bête. J'avais emprunté pour payer les frais de scolarité, de logement et de nourriture, et j'achetais mes livres et de quoi vivre grâce une petite bourse Pell. Nous habitions, Kathleen, Naomi et moi, dans un petit appartement en rez-de-jardin auquel on accédait par le sous-sol. Il était si délabré que lorsque papa, oncle Jimmy, oncle Frankie et Beau étaient venus nous aider à emménager, oncle Jimmy avait décrété : « Hors de question que vous viviez dans un endroit pareil. » Il avait enrôlé les autres pour arracher la moquette vieille de trente ans et repeindre tous les murs en travaillant jour et nuit. Une fois de plus, il avait fait des miracles et transformé une location vétuste en un petit nid charmant où nous avions installé les quatre meubles que nous possédions.

Kathleen restait à la maison avec Naomi, par envie autant que par nécessité : nous n'avions pas les moyens de la faire garder. Nous la couchions et nous réveillions la nuit à tour de rôle. Nous avions juste assez d'argent pour que Kathleen aille au cinéma le mardi soir et que je sorte le jeudi, en nous relayant pour garder la petite à la maison. Le plus souvent, j'allais dans un bar où j'avais lié connaissance avec une barmaid, Flo. Elle savait que j'étais fauché ; si je buvais deux verres, elle m'offrait le troisième.

Hormis cela, notre vie sociale se résumait aux repas que nous organisions régulièrement à la maison avec des gens de l'université, où chacun apportait quelque chose à manger. Nous étions le seul couple avec un enfant, apparemment.

Je travaillais comme un fou. Le lendemain du dernier examen du second semestre, je commençais le premier des deux stages de huit semaines que je devais faire dans deux cabinets différents de Chicago. À la rentrée suivante, j'ai attaqué les cours avec une semaine de retard pour toucher un peu plus. Nous avons vécu le reste de l'année avec ce que j'avais gagné durant ces seize semaines.

Quand j'ai décroché mon diplôme en 1996, nous sommes retournés vivre à Wilmington. Je me suis lancé dans la course pour la réélection de mon père au Sénat en tant que vice-directeur de campagne, tout en travaillant pour le programme de formation des cadres dirigeants de MBNA America, une importante société de carte de crédit qui a depuis été acquise par la Bank of America. Beau, qui travaillait à Washington pour le département de la Justice, n'a pas tardé à devenir procureur fédéral au bureau du procureur général des États-Unis, à Philadelphie.

Le métier d'avocat d'affaires était l'antithèse de ce que je pensais faire. Mais j'avais 160 000 dollars de prêt étudiant à rembourser, un enfant en bas âge et pas d'économies. Que je travaille dans un cabinet ou une banque, peu importe, il fallait que je gagne de l'argent. J'avais l'impression de ne pas avoir le choix, comme lorsque j'avais renoncé à la possibilité de décrocher un MFA à Syracuse. D'une part, il y avait la peur de l'inconnu. Il me semblait que je ne pouvais pas me permettre de travailler pour le département de la Justice ou comme avocat commis d'office. Évidemment, beaucoup de gens qui ont une famille et des dettes s'en sortent avec ce type de salaires. Ce que je n'ai compris que plus tard, c'est que j'aurais pu gagner une fortune, cela n'aurait jamais suffi pour nous offrir ce que l'on croyait vouloir, Kathleen et moi.

Nous avons commencé par acheter une maison et une voiture convenable et mettre Naomi dans une école privée. En soi, cela n'avait rien d'extravagant, mais nous adoptions un train de vie auquel il est difficile de renoncer. À partir de là, mes décisions ont toutes été dictées par deux impératifs : conserver ce que j'avais et gagner plus. D'une école privée nous sommes passés à trois, d'une voiture à deux, d'un prêt de 300 000 dollars à un prêt de 1 million. J'étais comme sur un escalator sans fin et ne savais pas comment en descendre.

Après mes études de droit, nous avons acheté à crédit une grande maison délabrée qui datait d'avant la guerre d'Indépendance. Elle avait servi de pension et de maison d'étudiants à dix garçons qui avaient entre dix-huit et vingt-huit ans. Il y avait un billard dans la salle à manger. Kathleen, Beau, papa et moi ainsi qu'une bande d'amis avons entrepris de la restaurer – comme papa l'avait fait pour la maison où nous avions grandi. Nous avons changé la plomberie nous-mêmes, remis à neuf la salle de bains, abattu des cloisons, refait les sols, gratté, enduit, poncé et repeint tous les murs.

Beau s'est installé au second étage. Tout le monde se retrouvait chez nous. En 1998, nous avons eu notre deuxième fille, Finnegan, et Beau a commencé à sortir avec une brune aux yeux bleus que nous connaissions depuis longtemps, Hallie Olivere.

Nous avons revendu la maison environ deux fois plus cher que nous l'avions payée. J'avais plus d'argent sur mon compte que n'importe quel Biden depuis six générations. J'ai aidé mon frère à rembourser ses prêts étudiant. J'ai quitté MBNA et je suis entré au département du Commerce en tant que directeur général du e-commerce. Nous nous sommes installés à Washington et nous avons inscrit Naomi à Sidwell Friends, une des écoles les plus huppées de la ville. La bulle Internet a éclaté peu après, mettant temporairement un frein au développement du commerce en ligne, et j'ai donc lancé mon propre cabinet d'affaires doublé d'une agence de lobbying. Par la suite, j'ai essentiellement travaillé pour les hôpitaux et les universités jésuites.

Peu après la naissance de notre troisième fille, Maisy, en 2000, nous sommes retournés vivre dans le Delaware pour nous rapprocher de la famille. J'ai gardé mon cabinet à

Washington, je me suis mis à boire de plus en plus après le travail et à rater de plus en plus souvent le dernier train pour Wilmington. J'étais ce qu'on appelle un « alcoolique fonctionnel » – j'ai toujours pu boire cinq fois plus que les autres –, mais je passais désormais la nuit à Washington et ne rentrais pas à temps pour emmener les enfants à l'école le matin. J'ai essayé d'arrêter de boire en 2003, quand nous sommes retournés à Washington. Je ne touchais plus une goutte d'alcool pendant un mois puis je me saoulais trois jours non-stop. Je n'arrivais pas à me contrôler.

Malgré tout je savais ce que je voulais et ce que je ne voulais pas. Je voulais assurer la prospérité du cabinet. Je voulais que mon frère soit élu procureur général. Je voulais courir un marathon, faire un triathlon. Je voulais écrire un livre et peindre. En revanche je ne voulais pas être un père absent. Je ne voulais pas que l'alcool constitue une ligne de fracture dans le couple que nous formions, Kathleen et moi.

Au cours de l'année, voyant que Kathleen était en plein doute, je me suis fait admettre au Crossroads Centre, un centre de désintoxication situé sur l'île d'Antigua. Fondé cinq auparavant par Eric Clapton, Crossroads suit une approche en douze étapes inspirée de celle des Alcooliques anonymes. J'y suis resté un mois. Ça a marché.

Bien qu'il ait été créé par une célébrité dans un décor de rêve, Crossroads est un endroit certes agréable mais d'une grande simplicité. Constitué d'un bâtiment de plain-pied donnant sur la mer et comptant une vingtaine de chambres, le centre propose des financements à ceux qui n'ont pas les moyens de suivre la cure et accueille gratuitement tous les habitants de l'île. Il n'y a pas de massages quotidiens ni d'excursions au marché. Pas non plus de téléphone ou d'ordinateur.

Tout le monde partage sa chambre avec quelqu'un, fait son lit et sa lessive et participe aux tâches ménagères.

Je ne savais pas à quoi m'attendre. Je désirais me libérer du besoin compulsif de boire, mais j'ignorais ce que cela voulait dire. À trente-trois ans, je n'avais pas la moindre idée de ce que je pourrais faire de mon temps s'il n'était pas occupé par toutes les activités liées à l'alcool : boire aux dîners, boire en soirée, boire le dimanche en regardant des matchs de football… J'ai tout de suite été frappé par la compassion, la simplicité et l'espoir qu'offrait la cure. J'étais incroyablement ému par les récits sans concession, souvent atroces, que faisaient les gens. Venus de tous les horizons, ils avaient eux aussi vécu de terribles épreuves, qu'ils s'étaient parfois infligées. Mais tous racontaient des histoires de traumatisme qui m'ont rendu plus sensible et permis de mieux comprendre ce qu'ils vivaient. Quand je suis parti, j'avais appris le goût de vivre sans modifier l'équilibre chimique de mon cerveau. J'avais appris que je pouvais occuper mon temps sans boire.

À mon retour, Beau est venu me chercher à l'aéroport et m'a accompagné le lendemain à ma première réunion des Alcooliques anonymes, dans le quartier de Dupont Circle. J'étais trop intimidé pour y aller seul. La présence de mon frère s'est révélée être un atout. La réunion était ouverte à tous, il n'était pas nécessaire d'être alcoolique pour y assister. À la fin, tout le monde est resté pour prendre un café et les habitués se sont présentés aux nouveaux. Le but était de trouver rapidement un parrain – quelqu'un qui ait de l'expérience et puisse vous aider à rester sobre grâce aux outils des douze étapes des AA. Sans Beau, je serais sûrement rentré immédiatement chez moi. Mais fidèle à lui-même, il a insisté pour qu'on reste. Il a bavardé avec tout le monde. Et en un rien de temps il m'a présenté Jack, qui devait être mon parrain pour les sept années suivantes et à cette époque, du moins, m'a sauvé la vie.

La tradition familiale n'est pas de faire de la politique, mais de servir le pays. Cependant, la politique est à bien des égards indissociable du service public et nécessite de déterminer avec précision à quel moment se présenter, à quel poste et comment faire campagne. Une des difficultés, pour mon frère et moi, a toujours été de projeter sa trajectoire politique au moment où la carrière de notre père était en plein essor. Nous nous préoccupions autant de son action politique – les campagnes sénatoriales, les courses présidentielles, la décision de se présenter aux côtés d'Obama – que de planifier la stratégie de Beau.

Beau a été élu procureur général du Delaware en 2006, et deux ans plus tard le siège de notre père s'est libéré quand il a rejoint l'administration Obama. L'idée reçue voulait que le gouverneur démocrate désigne Beau pour lui succéder, jusqu'à l'élection partielle, deux ans après, où il serait alors le favori.

Mais pour Beau, c'était hors de question. Il voulait être reconnu pour lui-même et non passer pour un homme qui profitait de la notoriété de son père. C'est Ted Kaufman, un ami de papa et longtemps son chef de cabinet, qui a été nommé. Nul n'était plus qualifié pour devenir sénateur que Ted, qui était par ailleurs un proche confident de Beau et comme un oncle pour nous deux. Au moment de l'élection partielle, Beau venait de rentrer d'Irak et ne voulait pas perturber davantage sa famille après avoir été absent près d'un an. Il a décidé de briguer plutôt le mandat de gouverneur, sans doute en 2016, et c'était tout ce que nous prévoyions à ce stade.

Nous savions l'un et l'autre que notre père ne prendrait pas sa retraite tant qu'il ne serait pas élu Président. Nous en rêvions tous les trois. Il n'en était jamais question en ces termes, mais nous savions que c'était son objectif. Quand il a dû décider d'accepter ou non de devenir vice-président aux côtés d'Obama, nous avons pesé le pour et le contre, Beau et moi. Ma première réaction a été de lui dire : « Tu es un des membres les plus influents du Sénat, tu présides la commission des relations étrangères, tu es libre de t'exprimer. » La réaction de Beau a été moins instinctive, plus raisonnée, comme au temps où il réfléchissait avant de sauter dans une gravière du haut d'une falaise. « D'un point de vue protocolaire, ça ne se fait pas d'envoyer balader le candidat de son propre parti, lui a-t-il conseillé. La vice-présidence sera ce que tu en feras. »

Comme toujours, Beau, Ashley, notre mère et moi étions seuls avec papa quand il a pris sa décision. Rassemblés dans son bureau, avec sa cheminée, ses canapés Chesterfield et son mur couvert de livres, nous sommes tous convenus qu'il avait à la fois la force de persuasion et la loyauté innée indispensables à ce poste. Nous étions convaincus qu'il deviendrait le vice-président le plus influent de l'histoire du pays – exception faite de Dick Cheney, qui savait manipuler son commandant en chef à son insu.

Dès novembre 2009, nous avons eu un aperçu intime de la pression de son nouveau poste et de sa capacité à s'y adapter.

C'était une période tendue, où la Maison Blanche était agitée par un débat interne sur la question du renforcement des troupes américaines en Afghanistan. Papa avait cependant tenu à passer la semaine de Thanksgiving à Nantucket comme le voulait une longue tradition familiale. Beau, qui avait servi un an en Irak, était rentré deux mois auparavant. La maison où nous séjournions est devenue une annexe de la West Wing, qui fourmillait d'aides de camp et d'agents du Secret Service. Des fauteuils où nous nous installions dans un petit salon lambrissé de Nouvelle-Angleterre, nous avons été témoins de tout, Beau et moi – hormis, naturellement, des moments où étaient échangées des informations classifiées : des enjeux de vie et de mort stressants, des combats politiques sans merci, et de toute la force et l'énergie que déployait notre père dans l'action.

C'était un moment critique pour lui. Au moindre faux pas, les trois ou sept années suivantes seraient longues et difficiles. Le pouvoir exercé par le vice-président se borne à celui que lui accorde le Président, et, en cette première année, notre père et Barack Obama n'avaient encore pas eu le temps de parfaire leurs relations.

Mon père était agacé. Il sentait qu'en coulisses des intrigants de la Maison Blanche, du Pentagone et du Département d'État s'ingéniaient à lui mettre des bâtons dans les roues. Il avait pris le risque de s'opposer au renforcement des troupes, ce qui le mettait en complet désaccord avec la secrétaire d'État Hillary Clinton, le secrétaire à la Défense Robert Gates et le général Stanley McChrystal qui avait pris les commandes en Afghanistan et demandait le déploiement de quarante mille militaires supplémentaires. Et à présent il était handicapé par le fait de devoir gérer la situation par téléphone, à huit cents kilomètres de distance, grâce à une ligne sécurisée.

Il faisait les cent pas dans la pièce en discutant âprement avec Hillary Clinton. À la fin de la conversation, il a raccroché et s'est tourné vers nous, exaspéré. « Bon sang ! s'est-il exclamé en se servant de nous, à son habitude, comme d'une chambre d'écho pour clarifier ses idées. Elle écoute Axelrod ! » Nous nous sommes efforcés de dédramatiser : « Qu'est-ce qu'il sait, papa ?

– Pas mal de choses. » Le téléphone a de nouveau sonné : Tony Blinken, son conseiller à la sécurité nationale. Papa l'a mis en attente pour prendre un appel du sénateur Kerry qui l'informait que McChrystal était précisément en train d'essayer de convaincre Obama. « Bon sang ! »

Il y avait de brèves accalmies. Papa nous expliquait les différents points de vue, leur intérêt, purement politique pour les uns, visionnaire et stratégique pour les autres. Il parlait des implications pour le Moyen-Orient et de ce que cela signifiait pour l'avenir de l'OTAN. C'était comme s'il reprenait le fil d'une conversation que nous avions eue au dîner.

Puis il téléphonait sur une autre ligne et se lançait dans une longue discussion avec le Premier ministre français, qu'il connaissait bien. Pendant ce temps, des flots de fax continuaient à se déverser tandis que les aides de camp couraient dans tous les sens pour s'assurer que les lignes de communication avec la Maison Blanche étaient bien sécurisées. Après des heures de ce manège infernal, nous avons essayé tous les deux de convaincre papa de rentrer à Washington pour être au cœur de la mêlée. Il n'a pas cédé. Nous avons fini par quitter la pièce pour emmener les enfants en ville acheter des sandwichs pour tout le monde. À notre retour, papa continuait à plaider âprement sa cause au téléphone en faisant les cent pas.

Obama a fini par lui accorder toute son attention. Au bout du compte, il a opté pour un compromis, en envoyant trente mille militaires de plus et en ordonnant un retrait partiel sous un délai d'un an. Papa avait agi selon sa conscience et ainsi consolidé sa relation avec le Président, ce qui lui a permis d'étendre son influence tout au long de ce mandat et jusqu'au suivant.

Beau et moi étions incroyablement fiers et honorés d'avoir pu observer la manière dont il s'était conduit tout en prenant un risque politique considérable et d'avoir vu avec quelle rapidité il s'était adapté à son nouveau rôle. Au cours de ces cinq jours sur la petite île au large des côtes du Massachusetts, il nous est apparu qu'à l'évidence, en dépit de ses premiers doutes, notre père avait eu raison d'accepter l'offre que lui faisait Obama de devenir vice-président.

Au même moment, mon univers basculait.

En 2008, mon cabinet était florissant. Nous avions, Kathleen et moi, une maison de 1,6 million de dollars dans un quartier fantastique de Washington et trois enfants scolarisées à Sidwell. Je ne buvais plus.

Puis mon père a décidé de faire tandem avec Obama et j'ai dû retrouver du travail. Certains conseillers d'Obama étaient en effet formellement opposés à toute activité de lobbying de ma part et m'avaient clairement fait comprendre que je devais y mettre un terme. J'ai monté un cabinet de conseil, que j'ai baptisé Seneca Global Advisors, du nom d'un des lacs de la région des Finger Lakes, situé près de la ville natale de maman. Il avait pour mission de conseiller de petites et moyennes entreprises sur les possibilités de se développer sur le plan national et international. Un an plus tard, j'ai accepté de conseiller de la même façon un autre fonds d'investissement privé, Rosemont, dirigé par Devon Archer, un ancien joueur de crosse de l'université et self-made-man surmotivé au charme désarmant qui avait fait le tour du monde en quête de financements pour sa société d'investissement immobilier, et son meilleur ami de Yale, plus frileux en affaires, Chris Heinz, le beau-fils de John Kerry. Cette société a fusionné les noms des deux entités, devenant Rosemont Seneca, bien que j'aie continué à opérer indépendamment. Devon et Chris avaient proposé la création d'un second fonds d'investissement privé qui n'a jamais vu le jour.

Ainsi je me retrouvais de nouveau sur un escalator sans fin. Une fois de plus, j'avais d'énormes frais et pas d'économies et je devais à présent me démener pour me construire une nouvelle carrière à partir de rien. Ce n'était pas si mal, jusqu'au jour où j'ai réalisé que j'avais besoin de dix clients pour couvrir mes charges mensuelles – ce qui revenait à en prospecter cent. Si bien que j'étais constamment sur les routes.

Une des choses que j'avais apprises au cours des sept années précédentes, c'est que pour rester sobre, il faut se consacrer à l'abstinence aussi résolument que l'on se consacrait auparavant à la boisson. À force de pratique, de persévérance et de concentration – ainsi que de travail, d'exercice et de méditation –, je parvenais à éprouver le même sentiment de bien-être que l'alcool me procurait avant et à apaiser ces angoisses qui ne me quittaient pas.

Mais vous ne pouvez pas vous laisser aller. Jamais. Si vous vous relâchez, comme je l'ai fait en novembre 2010, voici ce qui arrive.

Vous vous retrouvez surmené, en manque de sommeil, n'ayant pas fait de sport depuis trois mois, sur un vol de nuit de retour d'un voyage d'affaires à Madrid. Vous êtes reconnaissant lorsqu'une hôtesse s'arrête à la hauteur de votre siège pour vous demander, comme aux autres passagers, si vous désirez boire quelque chose. Et sans hésitation – sans même réfléchir – vous répondez : « Un bloody mary, s'il vous plaît. »

Et c'est reparti.

Vous arrivez chez vous huit ou neuf heures plus tard et vous êtes accueilli, comme je l'ai été, par votre femme et vos enfants incroyablement beaux. Ils ne savent pas ce que vous savez : vous avez bu. Ce qui fait naître en vous une nouvelle forme de honte et de culpabilité. Et quelque chose de plus compliqué : de l'euphorie et du soulagement. Vous avez une révélation : « Je viens de boire et je me sens beaucoup mieux. Le monde ne s'est pas arrêté de tourner. L'avion n'est pas tombé du ciel. Ma femme n'a pas demandé le divorce quand j'ai franchi le seuil de la maison. »

Le lendemain, vous allez travailler. Ce jour-là, vous ne buvez pas. Ni le suivant. Celui d'après en revanche, vous vous dites par exemple, comme moi : « Oh, allez, juste une bière. » Vous n'avez jamais vraiment aimé la bière de toute façon, c'est donc sans risque. Vous pouvez peut-être siffler en douce quelques bières de temps en temps, parce que vous n'arrêtez pas de penser aux trois bloody mary que vous avez pris dans l'avion et au bien fou qu'ils vous ont fait. Le péché est moindre.

Alors vous vous achetez une bière, juste une, en rentrant du bureau, avec un paquet de chewing-gums. Là non plus, le monde ne s'arrête pas de tourner, il n'arrive aucun malheur. Vous vous sentez même mieux. Plus tard, ce soir-là, vous dites aux autres que vous allez à la supérette vous acheter un paquet de cigarettes – ce qui n'a rien d'étonnant si vous fumez, comme moi, un paquet par jour depuis la fac. Et tant que vous y êtes, vous achetez aussi un pack de six.

Ça dure deux jours. Puis vous vous dites : « Si je bois trois grandes bouteilles de Chimay, une bière trappiste belge qui titre à douze degrés, ça me fera plus d'effet pour la même quantité de liquide. » Mais cela représente beaucoup à ingurgiter et vous n'êtes toujours pas fan de bière, quels que soient les moines qui la brassent. Pourquoi ne pas prendre plutôt un petit flacon de vodka ? Quelques shots, c'est nettement plus rentable. D'ailleurs, une bouteille de cinquante centilitres, ce serait encore mieux. Et finalement vous vous dites que tant qu'à faire, autant en prendre une grande.

Et vous voilà tous les soirs, dans votre garage, emmitouflé dans deux manteaux parce qu'il fait un froid de canard, à descendre une bouteille de Smirnoff Red en regardant sur votre ordinateur *Game of Thrones*, *Battlestar Galactica* ou n'importe quelle série visible en streaming, vous assurant, avant de piquer du nez, de bien planquer la bouteille pour que personne ne la trouve.

Un matin, vous ne vous réveillez pas pour aller au bureau. Vous émergez à neuf heures. Vos collègues veulent tous savoir ce qui se passe. Alors vous faites mine d'être agacé : « Comment ça, qu'est-ce qui se passe ? Tout va bien. »

Les jours où vous allez au bureau, vous n'allez pas à la réunion qui a déjà commencé. Vous avez honte d'être en retard et vous filez au bar.

Et c'est un engrenage sans fin.

Ça ne fait qu'empirer. En essayant de dissimuler ce qui crève les yeux, vous ne faites qu'ajouter à votre stress. Vous n'êtes pas violent, vous ne titubez pas, vous n'accompagnez pas vos enfants en voiture quand vous avez bu. Le pire, c'est quand votre femme trouve dans la poubelle la bouteille vide que vous aviez cachée. Mais vous êtes de nouveau en proie à un sentiment de catastrophe imminente, qui plane au-dessus de vous comme un nuage noir. Tout le monde le voit. Votre entourage – famille, amis, collègues – ne sait pas quoi faire. Sept ans se sont écoulés depuis la dernière fois. Ils ont presque oublié l'enfer que cela a été.

Ils ont peur. Vous aussi. Et ça continue comme ça jusqu'au jour où vous admettez que vous avez besoin d'aide. Ce que j'ai fini par faire.

Quand j'ai replongé, cette fois Beau n'a exprimé ni stupeur ni désarroi. Il estimait que cela faisait partie du processus. Il m'a assuré : « On va trouver une solution. Il faut se remettre en selle. Dis-moi ce que je peux faire. » C'était un farouche disciple de la règle des Biden : si vous devez demander de l'aide, c'est qu'il est déjà trop tard. Il me disait qu'il suffisait de l'appeler – et il m'appelait en premier.

Beau m'a toujours soutenu, sans jamais me juger. Contrairement à la plupart des gens, il ne me demandait jamais : « Pourquoi ? ». Je ne saurais trop insister sur l'importance que cela a eu. C'est une question à laquelle il est impossible de répondre quand on souffre de dépendance. Je peux invoquer des traumatismes, mon histoire familiale, mes gènes, une combinaison de malchance et de circonstances difficiles, mais en réalité je ne connais pas l'explication. Cela, Beau le savait d'instinct. Il refusait de croire que j'avais choisi la dépendance, et considérait à l'inverse que c'était elle qui m'avait choisi. Il pensait que c'était un problème qu'il pouvait m'aider à régler et c'est ce qu'il a fait.

Mon alcoolisme ne devait pas être facile pour lui. Ce n'est que maintenant que je réalise la distance que cela a mise entre nous. Il y avait tant de moments où j'étais seul face à mon addiction et le laissais en dehors. Ce devait être déroutant pour lui. Mais Beau en prenait son parti, imputant systématiquement la responsabilité à l'alcool et non à moi.

Après ma rechute en 2010, nous avons discuté des différentes solutions. J'ai suggéré de retourner à Crossroads. Beau a réfléchi une seconde puis il a dit : « OK », il a réservé le billet d'avion, m'a conduit à l'aéroport et accompagné jusqu'au contrôle de sûreté. À mon retour, il est venu me rechercher à l'aéroport et a passé la nuit chez moi.

Toutes les décisions que j'ai pu prendre pour arrêter de boire, je les ai prises avec Beau. Il était constamment là, sans que sa présence soit étouffante. Ma guérison occupait presque autant de place dans sa vie que dans la mienne. Il avait noué des liens avec Jack, Josh, Ron et tous les gens dont j'étais proche aux AA et il était resté en contact avec eux – non pas pour me surveiller, mais parce qu'il savait qu'ils comptaient pour moi. Il allait aux réunions avec moi quand on était en vacances, uniquement pour qu'on puisse passer du temps ensemble.

Il nous organisait aussi des excursions ultra-physiques : des raids aventure, des sorties en VTT ou en kayak, des descentes en rappel d'arches rocheuses hautes de trente mètres dans l'Utah. Ce n'était pas seulement pour que l'on s'amuse : il savait que j'avais besoin de quelque chose qui me motive. Il me suivait dans toutes mes nouvelles lubies. Il prenait des cours de yoga avec moi alors qu'il détestait ça. Il m'interrogeait sur les livres que je lisais sur la dépendance et la guérison, en dehors des publications des AA. Il voulait savoir comment, selon moi, les douze étapes pouvaient être appliquées à la vie quotidienne...

Si seulement vous aviez connu Beau.

5

La chute

Les premières semaines qui ont suivi l'enterrement de Beau étaient en apparence empreintes de paix et de détermination.

J'étais résolu à poursuivre l'œuvre de mon frère. Avec tante Val, Hallie et Patty Lewis qui avait travaillé aux côtés de Beau en tant que procureur général adjoint, nous avons créé la fondation Beau Biden pour la protection de l'enfance. C'était un prolongement de la lutte qu'il avait menée contre la maltraitance des enfants quand il était procureur général et cette fondation a aujourd'hui des programmes dans vingt États. J'ai continué à siéger en tant que membre ou administrateur dans divers conseils d'administration, dont ceux de la branche américaine du Programme alimentaire mondial (qui faisait pression sur le gouvernement pour qu'il finance le Programme alimentaire mondial de l'ONU, lauréat du prix Nobel de la paix en 2020) et du Truman National Security Project, qui entre autres missions œuvre pour que les anciens combattants se portent candidats aux élections. J'ai repris mes activités de conseil et mon travail au sein du cabinet juridique Boies Schiller Flexner, où j'exerçais comme avocat depuis 2010.

Cependant, au fil des semaines, des fissures jusque-là invisibles ont commencé à apparaître et s'élargir. Particulièrement dans ma relation avec Kathleen. Certaines de ces failles étaient là bien avant que Beau ne tombe malade et étaient en partie dues à mes rechutes dans l'alcool. Sans mon frère, ces difficultés étaient encore amplifiées. Au moindre problème, il avait toujours été là pour me guider. Je me sentais perdu. Toutes les relations familiales ont été ébranlées d'une manière ou d'une autre par la mort de Beau. Toutes ont dû s'adapter.

Beau laissait un vide qui était difficile à combler.

Papa était silencieux – et triste. Nous avions chacun notre façon d'affronter notre chagrin, qui nous empêchait souvent d'aider l'autre. Je me montrais inaccessible à l'affection, me repliant facilement dans mes pensées et mes peurs. Papa, lui, tenait le coup, comme tant de fois dans sa vie. Il s'était replongé dans son rôle de vice-président, qui exigeait de lui beaucoup de temps et de concentration.

Peu après l'enterrement, la famille a décidé de partir ensemble à Kiawah Island, un havre de sable blanc situé au large des côtes de Caroline du Sud, à quarante kilomètres de Charleston. Nous nous y étions déjà tous retrouvés, mais à présent que toute l'effervescence qui avait entouré les funérailles était retombée, nous allions mesurer combien la disparition de Beau nous affectait.

Et puis comme si souvent depuis les dizaines d'années que mon père exerçait de hautes fonctions publiques, une catastrophe nationale a bouleversé nos projets. Une semaine avant notre départ en Caroline du Sud, un jeune raciste blanc de vingt et un ans a ouvert le feu avec un pistolet semi-automatique dans l'Emanuel African Methodist Episcopal Church, un lieu historique du centre de Charleston. Il a assassiné neuf Noirs, hommes et femmes, au cours d'une soirée d'étude biblique, en lançant apparemment aux fidèles avant de les décimer : « Vous voulez une raison de prier ? Je vais vous en donner une ! » Parmi les victimes figurait le pasteur de l'Emanuel Church et sénateur de l'État, Clementa Pinckney, qui était âgé de quarante et un ans.

Notre famille est arrivée à Kiawah le mardi suivant. Trois jours plus tard, papa assistait à la cérémonie d'hommage aux victimes, où depuis un pupitre drapé de violet le Président Obama a rassemblé l'assistance, les familles des victimes et le pays tout entier en donnant une interprétation poignante d'« Amazing Grace ».

J'ai accompagné papa le surlendemain à l'office du dimanche de l'Emanuel Church. Nous n'en avions pas vraiment discuté avant. Pour nous, c'était une évidence. Mon père s'est arrangé pour y assister discrètement et sans prévenir. Il espérait que la congrégation meurtrie puiserait de la force dans le fait qu'il partage ce moment avec elle si peu de temps après la mort de son fils aîné, comme il espérait puiser lui-même auprès d'elle de la force et de la grâce.

Nous sommes arrivés à Charleston de bonne heure ce matin-là. L'église était bondée. J'aime aller dans les églises épiscopales méthodistes africaines. C'est une communauté incroyablement accueillante et j'y trouve toujours une grande inspiration. Depuis notre enfance, nous avions assisté, Beau et moi, à d'innombrables offices avec notre père dans le Delaware et ailleurs dans le pays.

Papa semblait connaître tout le monde. Au fil des années, il avait passé beaucoup de temps en Caroline du Sud et avait des attaches profondes dans la communauté noire. Au début de sa carrière, il avait fait campagne pour un des derniers représentants d'une longue lignée de démocrates du Sud blancs, comme Fritz Hollings, longtemps sénateur de l'État, au moment où ces hommes politiques évoluaient sur la question des droits civiques. Avec d'autres tels que Strom Thurmond, ils auront servi de transition jusqu'à ce qu'une génération de leaders noirs, galvanisés par le mouvement des droits civiques que mon père avait suivi de près à Wilmington, ne commence à émerger. Son amitié avec James Clyburn, le représentant afro-américain le plus éminent du Congrès, remonte au début des années 80, et parlant de son épouse décédée, celui-ci a confié un jour que « de tous les leaders du pays Joe Biden était le préféré d'Emily et on parlait tout le temps de Joe ».

Papa n'avait pas prévu de prendre la parole devant l'assemblée, où se pressaient des visiteurs venus des quatre coins du pays. Mais le révérend Norvel Goff Sr, qui avait succédé au révérend Pinckney assassiné, s'est adressé directement à nous de la chaire – parlant du deuil, de la douleur et de la compréhension – puis a demandé à mon père de venir dire quelques mots. « J'aimerais tant pouvoir trouver des mots qui puissent soulager la douleur des familles et de l'église », a commencé papa, la voix empreinte d'une souffrance et d'une empathie familières. Il n'y avait pas un bruit dans l'église bondée, tout le monde l'écoutait, captivé. « Mais je sais par expérience, et j'en ai encore eu la preuve il y a de cela vingt-neuf jours, qu'aucun mot ne peut réparer la souffrance d'un cœur brisé. Aucune musique ne peut combler le vide béant… Et parfois, comme le savent tous les prédicateurs ici, il arrive que la foi nous abandonne l'espace d'une seconde. Il arrive que l'on doute… Selon une phrase célèbre, la foi voit mieux dans l'obscurité, et pour les neuf familles endeuillées, ce sont là des heures très sombres. » Lorsqu'il est redescendu après avoir lu un verset des Psaumes (« Les hommes se réfugient à l'ombre de tes ailes »), toute l'assemblée s'est levée.

À la fin de la cérémonie, Joe Riley, le maire de longue date de Charleston, nous a pris par le bras pour nous emmener dans le petit bureau du révérend Pinckney, au sous-sol de l'église en brique vieille de deux cents ans. Sur un mur se trouvait une photo du révérend avec papa, qui avait été prise quelques mois à peine auparavant. Nous étions tous les deux émus aux larmes – pour être franc, nous avions pleuré durant tout l'office.

C'était émouvant, exaltant, magnifique de se trouver ce jour-là dans l'Emanuel Church. Les flots d'amour et de douleur partagée que nous avons reçus et donnés en retour étaient bel et bien une source de force. La compassion mutuelle était immense, tous les paroissiens semblaient être venus nous embrasser et pleurer avec nous. Comme avec tous ceux qui étaient venus nous voir durant la semaine précédant l'enterrement de Beau, les récits déchirants que certains nous ont confiés nous rappelaient que tout le monde est confronté à la mort.

Par moments, je culpabilisais de faire l'objet d'une telle compassion, d'autant qu'elle était souvent manifestée par des gens qui avaient connu des tragédies bien pires que la mienne. J'étais effaré à l'idée que beaucoup d'entre eux aient été confrontés à la disparition d'un être cher sans bénéficier de l'amour et des ressources dont je disposais.

Il y avait aussi des moments, je l'avoue, où j'avais l'impression que personne ne pouvait comprendre ma douleur. Cette seule pensée me semblait narcissique. Et pourtant elle n'en était pas moins réelle. Ce n'est pas parce que votre souffrance vous semble exceptionnelle que celle des autres s'en trouve réduite. La souffrance est notre condition universelle. On peut vivre sa vie sans trouver l'amour, mais personne ne vit bien longtemps sans éprouver une véritable blessure. Cela peut nous lier comme nous isoler. J'oscillais entre les deux.

Telles étaient les pensées qui me submergeaient en cette triste et glorieuse journée à Charleston, qui était alors l'épicentre de la douleur de l'Amérique.

Je continuais à passer par des accès d'espoir et de désespoir. Malgré nos efforts, nous avions du mal à mettre le doigt sur ce que nous voulions nous dire, mon père et moi. Quand je le regardais dans les yeux, j'y voyais une tristesse insurmontable – et de l'inquiétude pour moi. Ce n'était pas seulement que Beau nous manquait. La question qui planait était plus cruciale encore et nous ne lui avions pas encore trouvé de réponse : Maintenant que le trio que nous formions n'était plus, qu'étions-nous ? À un moment, je me souviens avoir dit à papa : « Je ne sais pas si je dois te remercier ou t'en vouloir d'avoir fait en sorte qu'on s'aime tous à ce point. » Il a pris cela au premier degré, autrement dit comme un sacré compliment. Et c'en était un, en un sens. Mais je l'entendais aussi plus littéralement. Je souffrais tellement, et je sais que lui aussi souffrait et souffre encore.

Je m'efforçais de rester concentré sur mes enfants et ma famille et tout ce qui donnait du sens à ma vie et me motivait.

Et puis j'ai saisi le prétexte d'un moment où toute ma colère et ma confusion ont éclaté pour recommencer à boire. C'était une réaction presque instantanée, à la fois impulsive et irréfléchie, et peut-être aussi inévitable.

Les quatre années suivantes n'ont été ou presque qu'une suite de décisions qui m'ont entraîné sur une pente de plus en plus glissante.

Le 2 juillet, nous sommes partis marcher, Kathleen et moi, comme nous le faisions traditionnellement pour notre anniversaire de mariage : un mile par année de mariage. Nous avons commencé notre circuit de vingt-deux miles à Georgetown (soit environ 35 km) par un temps chaud et nuageux, en passant d'abord par le Washington Monument et le Lincoln Memorial avant de traverser le Potomac pour suivre un chemin de halage vallonné jusqu'aux abords de Mount Vernon. Puis nous sommes revenus sur nos pas.

En marchant, nous avons parlé de notre couple, passé, présent, futur. Il y avait beaucoup à dire. Ça n'allait pas très bien entre nous. Quand on est mariés depuis vingt-deux ans, il y a vingt-deux millions de raisons de divorcer ; mais de bonnes, je n'en vois pas beaucoup. Kathleen m'a dit : « Il faut qu'on soit aussi transparents que possible. » Alors j'ai tout avoué – mes griefs, mes secrets, mes péchés. Nous avons évoqué notre manque d'intimité, le fait que j'étais submergé par le travail et les charges écrasantes à assumer, mes beuveries passées, la façon dont je m'efforçais de régler tout cela. Je n'avais plus touché à l'alcool depuis des mois. Il y avait des choses plus problématiques que d'autres, mais à mes yeux aucune ne justifiait que nous mettions un terme à notre mariage. J'étais déterminé – de nouveau – à sauver notre couple.

Le lendemain, nous sommes allés voir une conseillère conjugale que nous avions consultée à une époque et que je consultais seul depuis quelque temps. Elle était au courant de la façon dont nous célébrions notre anniversaire de mariage et nous a demandé comment ça s'était passé. Je me suis montré enthousiaste. J'ai dit que cela avait été libérateur et nous avait permis de mieux comprendre où nous en étions, que cela m'avait donné de l'espoir. Puis Kathleen a répondu à son tour. C'était comme si nous avions parcouru vingt-deux miles dans des directions opposées. En quelques mots, voici ce qu'elle en a dit : « Libérateur ? Tu plaisantes ou quoi ? Tu pourrais passer ta vie à me dire que tu regrettes, ça n'y changerait rien. Je ne te pardonnerai jamais. »

J'étais terrassé. Tout ce que nous nous étions dit la veille n'avait servi à rien, ce n'était que du vent. J'avais le sentiment que Kathleen avait décidé que c'était terminé entre nous le jour où Beau était mort et que la conversation que nous avions eue sur le chemin du retour, le lendemain, avait signé la fin de notre relation.

J'ai craqué. J'ai fait une des pires choses dont est capable tout bon alcoolique en proie à une grande contrariété : j'ai entrepris de lui donner raison.

Je me suis levé, je suis sorti acheter une bouteille de vodka et je l'ai descendue.

Quelques semaines plus tard, je retournais en cure.

Je ne voulais pas accabler mon père avec mes problèmes de couple, mes doutes et ma solitude. Je voulais lui donner l'impression que tout allait bien. Non seulement il continuait à assumer ses fonctions tout en pleurant la mort de Beau, mais il devait décider s'il allait ou non se présenter aux élections présidentielles de 2016.

Si je voulais sauver mon couple et revenir chez moi, ma seule issue était de suivre une nouvelle cure de sevrage et de ne plus jamais retoucher à une goutte d'alcool. Kathleen avait été claire : il était hors de question que je remette un pied à la maison tant que je n'aurais pas rempli ces critères. Ça ne me semblait pas être la meilleure solution, ni pour moi, ni pour mon problème, ni pour les enfants, mais je pense qu'elle n'en voyait pas d'autre.

Pendant un mois environ, je me suis rendu tous les jours dans un centre de consultation de l'université de Pennsylvanie, en étant hébergé chez mon oncle Jimmy, à Philadelphie. Les psychiatres m'ont prescrit deux médicaments, l'un pour diminuer l'envie irrésistible de boire, l'autre pour me donner la nausée si je buvais. Je n'ai pas testé les effets du second ; ceux du premier n'étaient guère convaincants. J'ai passé le mois suivant dans un centre situé en pleine montagne à une centaine de kilomètres de Philadelphie. Je m'étais fait admettre sous le pseudonyme de Hunter Smith, ce qui en soi m'empêchait de parler ouvertement de ce que je vivais. Il y avait des moments, pendant les groupes de parole, où j'avais presque l'impression d'interpréter un rôle – de jouer un copié-collé de mon histoire au lieu de la confesser. Le plus grand mérite d'une cure, c'est qu'elle donne la possibilité d'être honnête avec soi-même et avec les autres patients, qui sont pour la plupart, sinon tous, des inconnus. Pour moi cependant, le fait de parler sous le nom de Hunter Smith de la mort de quelqu'un d'aussi proche que mon frère me paraissait d'autant plus factice que beaucoup de gens m'avaient vu à la télévision faire son éloge funèbre à peine deux mois auparavant.

Je suis convaincu que priver quelqu'un pendant plus d'un mois d'affilée des êtres qui comptent le plus dans sa vie – dans mon cas, mes trois filles – est bien souvent une erreur fondamentale quand il s'agit de traiter des gens qui souffrent d'addictions. Là-bas, j'étais dans une solitude extrême. Mais si je voulais avoir une chance de revenir chez moi, je n'avais pas le choix.

Cet automne-là, j'ai emménagé dans un appartement à

Washington, un trois-pièces au premier étage d'un immeuble récent, au coin de 11th Street et Rhode Island Avenue, près de Logan Circle. Il était en face d'un skatepark et de l'autre côté du carrefour il y avait un magasin d'alcool. C'était la première fois en quarante-six ans que je vivais seul. Au lieu de rentrer tous les soirs embrasser trois enfants que j'adorais, je me retrouvais dans cet étrange espace silencieux. Je dormais sur le canapé ; l'idée de dormir dans un lit tout seul ne faisait que renforcer le pressentiment obsédant que Kathleen avait déjà décidé qu'elle ne me laisserait jamais revenir.

Je suivais une thérapie trois fois par semaine et je voyais un coach en sevrage. Je me baladais avec un éthylotest muni d'une caméra intégrée dans lequel je soufflais quatre fois par jour en étant filmé en direct et observé à distance par un thérapeute pour que je ne puisse pas boire en douce. J'allais à des cours de yoga six jours par semaine et sur les conseils pressants de mon psy j'avais accepté d'assister deux fois par semaine à un programme de développement personnel à Aberdeen, dans le Maryland, à une heure et demie de Washington. Le tout en poursuivant mes activités de conseil, aussi réduites soient-elles.

Je continuais à accompagner mes filles à leurs matchs de soccer et aux autres activités extrascolaires qu'elles pratiquaient à l'extérieur et Naomi était désormais à Penn. Je pouvais passer plus de temps avec les enfants de Beau, Natalie et Hunter. Peu à peu, un lien noué dans l'épreuve partagée est né entre Hallie et moi. Elle est devenue pour moi une confidente – au départ, il n'y avait rien d'autre. Ma colère, parfois justifiée, parfois non, me servait paradoxalement de motivation : OK, j'arrêterais de boire et j'irais mieux, mais jamais plus je ne supplierais Kathleen de me garder.

Au mois d'octobre, mon père a annoncé qu'il ne se présenterait pas aux élections présidentielles de 2016. Il a évoqué publiquement l'impact qu'avait eu la mort de Beau sur notre famille et lui et le fait qu'il avait besoin de temps. Il n'a pas parlé de l'autre facteur en jeu : l'opinion dominante parmi les acteurs les plus influents du Parti démocrate selon laquelle c'était le tour de Hillary Clinton de se présenter en compensation de sa courte défaite face à Obama lors de la primaire et en raison des fonctions de secrétaire d'État qu'elle avait occupées. Rivaliser avec elle aurait été une tâche ardue.

Je ne sais pas si mes rechutes entraient en ligne de compte. Certes, cela devait compliquer les choses, mais papa ne me l'aurait jamais dit. Je l'encourageais à se présenter. Il voyait bien tous les efforts que je déployais, aussi irréguliers soient-ils, pour arrêter de boire. S'il y a bien une chose qu'il sait mieux que quiconque, c'est que notre famille n'est jamais aussi soudée que dans l'adversité.

En cet automne, la température avait fraîchi et la lumière était plus rasante. Mon quotidien n'était plus rythmé par la présence de Beau. Nous ne nous appelions plus trois fois par jour, passant autant de temps à rire qu'à nous disputer. Je ne le trouvais plus chez nos parents en train de les taquiner sur le pot de mayonnaise périmé au fond du réfrigérateur. Autour de moi, tout me faisait penser à lui : la gare Amtrak où nous avions quasiment grandi ; la voie ferrée que nous arpentions étant petits ; le Charcoal Pit où nous commandions des milk-shakes triple crème vanille-chocolat, des cheese steaks et des frites bien croustillantes. Même les canards qui volaient – Beau adorait les canards.

Cet étrange état s'est aggravé pendant les vacances. Mes filles étaient traumatisées par la mort de Beau et perturbées de voir leur famille se désintégrer sous leurs yeux. Je leur répétais sans cesse : « On va régler ça, votre mère et moi. Ce n'est pas de votre faute. Tout dépend du fait que je boive ou non. » Mais c'était n'importe quoi. J'avais l'impression qu'ils attendaient tous que je disjoncte histoire de prouver qu'ils avaient raison. Ce que j'ai fini par faire, en commençant la semaine qui précédait Noël.

Chaque année, le 18 décembre, notre famille proche ainsi qu'une poignée d'amis de longue date se rassemblent pour l'anniversaire de la mort de maman et de ma petite sœur. Autrefois, nous nous retrouvions le matin à Wilmington pour la messe de sept heures à St Joe's, avant d'aller chez mes parents prendre un café et des pains aux raisins ou des bagels. Puis nous allions, papa, Beau et moi, au cimetière déposer une couronne surmontée de trois roses blanches sur la tombe. À présent, Beau reposait cinq mètres plus loin.

Les années précédentes, Kathleen et moi arrivions la veille avec les filles, qui n'avaient plus cours à ce moment-là, pour pouvoir aller tous ensemble à la messe le matin. Nous restions dans le Delaware jusqu'au matin de Noël, puis nous partions pour Chicago afin de rejoindre la famille de Kathleen dans sa maison des bords du lac.

Mais cette année-là, Kathleen m'a appelé pour m'annoncer que les filles n'arriveraient dans le Delaware que la veille de Noël et qu'elle ne voulait pas que je les accompagne à Michigan City pour les vacances.

J'étais effondré. Je comprends à présent qu'elle s'efforçait seulement de protéger nos filles. Aussi douloureux que ce soit pour moi, je représentais un danger dont elle devait les préserver. C'est une dure leçon – quand on souffre d'addictions, on force souvent ceux qui sont les plus proches de nous à prendre des décisions difficiles, qui peuvent briser irrémédiablement une relation. Mais cela peut épargner à des innocents une souffrance plus grande encore. Kathleen a fait preuve de courage à cette époque, je ne le mesure pleinement qu'aujourd'hui.

Sur le moment, je ne pensais pas à tout cela. Quelques heures après ce coup de fil, je me suis remis à boire en secret, en évitant cependant que cela ne dégénère en cuite. L'anniversaire de ma fille Naomi est le 21 décembre et nous le passions généralement chez mes parents, mais je n'ai pas pu la voir non plus ce jour-là. J'avais déjà raté ceux de Finnegan et Maisy, en août et en septembre, car j'étais en cure.

Noël est passé très vite. Les filles sont reparties avec Kathleen. Mes parents se sont envolés comme chaque année pour les Caraïbes avec oncle Jimmy et tante Val. Hallie et ses enfants sont allés en Floride avec une autre famille.

Beau était mort.

Seul, déprimé, furieux, le cerveau bourdonnant de l'incohérence propre aux alcooliques, j'ai acheté une bouteille de vodka, je me suis replié dans mon appartement de Washington et j'ai bu. Et cela tous les jours, du matin au soir, de Noël à la fin janvier.

J'allumais la télé, je m'affalais sur le canapé, je buvais et je sombrais. Même ivre – encore moins – je ne dormais jamais dans mon lit. Je regardais fixement la télé dans un état comateux, sans réellement savoir ce qu'il y avait à l'écran. À d'autres moments, je pleurais pendant des heures sans même m'en rendre compte. Je ne mangeais quasiment rien.

Au bureau, je n'en fichais pas une, laissant les cinq employés prendre tout en charge. J'assistais à quelques conférences en visio, annulais des réunions, n'allais pas au bureau. J'avais décommandé tous mes voyages d'affaires. Les seules personnes auxquelles je répondais au téléphone étaient mes filles et mon père qui appelait sans cesse. Il me demandait comment j'allais. Je lui répondais que j'allais bien, je raccrochais, m'endormais, me réveillais, recommençais à boire.

Je buvais ainsi douze à seize heures d'affilée. Quand j'avais fini une bouteille, je traversais la rue pour aller au Logan Circle Liquor, un magasin à la devanture délabrée rempli de rangées de bouteilles, tenu par un employé qui travaillait à l'abri d'une vitre pare-balles. Je demandais une bouteille de cent soixante-quinze centilitres de vodka Smirnoff d'une voix chevrotante et la payais avec des mains tremblantes. Le plus souvent je rentrais chez moi pour la vider, mais parfois je ne pouvais pas attendre d'avoir parcouru les quelques dizaines de mètres qui me séparaient de l'appartement pour la déboucher et boire une rasade en douce.

Je ne me rendais pas compte du temps qui passait. Les jours se suivaient et se ressemblaient, s'écoulant avec une lenteur glaciale. Je n'ai pas tardé à éprouver des symptômes de manque au réveil. J'avais du mal à lever la tête de l'oreiller. S'il n'y avait plus une seule goutte dans la bouteille, c'était un effort herculéen d'enfiler mes boots et ma veste pour retourner en titubant au magasin d'alcool. Ce bref trajet s'est rapidement transformé en marathon, puis j'ai eu l'impression de ramper sur des éclats de verre.

Je n'avais jamais bu à ce point. Il m'était arrivé de boire de manière excessive, jusqu'au moment où je comprenais qu'il était temps d'arrêter – c'est ce qu'il s'était passé en 2003 et 2010. Mais je n'avais jamais souffert au point de ne plus pouvoir sortir, de ne plus pouvoir continuer, presque. J'ai perdu neuf kilos. Je me nourrissais quasi exclusivement de ce que je trouvais à manger au magasin d'alcool : des Doritos, des couennes de porc séchées, des nouilles ramen. Au bout d'un moment, mon estomac ne supportait même plus les nouilles.

Je me noyais dans l'alcool.

J'ai stoppé cette chute libre une seule fois. Au bout de trois semaines, pas rasé et amaigri, j'ai vu sur mon agenda un engagement pris plusieurs mois auparavant auquel je ne pouvais pas me soustraire : un voyage d'une semaine au Moyen-Orient avec une délégation de la branche américaine du Programme alimentaire mondial. C'était trop important ; des vies en dépendaient littéralement. Alors, comme tant de fois auparavant, j'ai sorti le joker de l'ivrogne et réalisé ce qui aurait semblé impossible à d'autres : je me suis transformé en alcoolique fonctionnel. Je me suis douché, rasé puis j'ai bouclé mes valises et pris l'avion pour Beyrouth.

Notre première visite s'est déroulée dans un camp de réfugiés au Liban, proche de la frontière syrienne. De l'autre côté, sept cents hommes, femmes et enfants étaient bloqués dans un no man's land, quasiment sans aucune aide. Ils suppliaient les autorités de les laisser rejoindre les huit cent mille autres Syriens hébergés dans le camp de réfugiés de Zaatari en Jordanie, un endroit grouillant de monde mais bien organisé où nous allions également nous rendre pour parler à des familles abritées dans des containers éparpillés sur une longue étendue de sable dépourvue d'arbres. À la suite de ces visites, je devais aller à Amman pour rencontrer en tête à tête le roi Abdallah II afin de le convaincre de les autoriser à entrer.

J'avais été envoyé bien des fois pour le Programme alimentaire mondial dans des endroits déshérités aux quatre coins du globe. Chacun d'entre eux m'avait marqué de façon indélébile. En décembre 2013, je m'étais ainsi rendu aux Philippines un mois après le passage du typhon Haiyan, dont les vents atteignant parfois trois cents kilomètres-heure avaient dévasté des pans entiers du pays. Il y avait eu six mille morts et plus de quatre millions de personnes déplacées. À l'époque, c'était le typhon le plus violent que l'histoire ait jamais connu.

Quand nous avions atterri à Guiuan, à la pointe sud de la province du Samar oriental, nous avions découvert à perte de vue des arbres mutilés, comme s'ils avaient été coupés en deux par une gigantesque faux. Ce qui n'avait pas été détruit par Haiyan avait été balayé par le raz-de-marée. Dans son bureau sans toit ni murs, le maire de la ville avait appelé le typhon *delubyo* (l'apocalypse). Et pourtant les survivants étaient absolument stupéfiants. Nous étions assaillis de foules d'enfants dont beaucoup souriaient. Un bambin de deux ans qui avait grimpé dans mes bras ne voulait plus me lâcher et il était resté cramponné à moi pendant que je parcourais la scène de désolation. Les gens racontaient comment ils avaient survécu, s'accrochant à un arbre, se cachant dans des cabanes, portant des voisins sur le dos dans les eaux de la crue.

Quelques heures après le passage du typhon, le Programme alimentaire mondial avait mobilisé des vivres prépositionnés – du riz du Sri Lanka, des biscuits énergétiques du Bangladesh – et tous les gens que nous rencontrions étaient reconnaissants, pleins d'entrain et incroyablement généreux les uns avec les autres. Malgré l'immensité du désastre, c'est le voyage le plus inspirant qu'il m'ait été donné de faire auprès de populations venant de vivre leurs heures les plus sombres. Leur espoir et leur persévérance étaient contagieux.

D'ordinaire, le sentiment qui prévalait était plutôt le déchirement, comme celui que j'avais éprouvé en 2011 lors d'une visite au camp de réfugiés de Dadaab au Kenya, près de la frontière avec la Somalie. Plus de deux cent mille réfugiés et demandeurs d'asile avaient fui la sécheresse, la famine et la guerre pour s'installer dans un complexe établi au milieu d'un désert semi-aride. C'est à ce jour le troisième plus grand camp du monde. Il leur était impossible d'échapper à la faim et à la malnutrition. Des mères me faisaient des récits poignants, racontant qu'elles avaient traversé le désert somali avec cinq enfants et qu'il n'en restait plus que deux à leur arrivée à Dadaab – les autres avaient été tués par des lions. Établi en 1991 pour répondre à ce que les travailleurs humanitaires espéraient être une crise temporaire, le camp abritait à présent plusieurs générations.

La soudaine prise de conscience de la difficulté de vivre en apatride – sans espoir de retour, aucune communauté où vivre au-delà du périmètre du camp, en étant dépendant de gouvernements qui se désintéressent de votre sort ou de votre liberté – m'avait ébranlé au plus profond de moi-même.

Mon voyage au Moyen-Orient présentait également des défis. J'étais arrivé là rongé par le chagrin et l'alcoolisme, sachant que je venais défendre ici des gens qui luttaient pour leur simple survie. Accompagné de Rick Leach, directeur général de la branche américaine du Programme alimentaire mondial, et Dan Glickman, membre du conseil d'administration et ancien secrétaire à l'Agriculture, je me suis présenté au palais royal d'Amman au terme de notre mission de six jours.

Nous venions de Beyrouth, où nous avions passé le plus clair de notre temps à traverser des quartiers tendus pour rencontrer le Premier ministre, un administrateur nommé par l'ONU et d'autres protagonistes de ce gouvernement chaotique soumis à l'énorme pression économique et sociale provoquée par l'afflux de plus d'un million de Syriens. Nous avions évoqué la volonté du PAM d'améliorer l'assistance grâce à une carte de paiement électronique qui bénéficierait à la fois aux réfugiés et à l'économie locale en déliquescence. Il y avait de multiples facteurs en jeu et des objectifs souvent antagonistes ; les discussions étaient ardues. Nous avions fini par obtenir une aide financière suffisamment importante pour lancer le programme sans violence ni incidents dans les nombreux camps éphémères qui essaimaient dans le pays. À présent, notre but était de convaincre le roi Abdallah II d'autoriser davantage de Syriens à s'établir dans le camp jordanien de Zaatari. Il était naturellement réticent : il craignait l'infiltration de membres de Daesh ou d'autres terroristes.

À notre arrivée au palais, nous avons été escortés jusqu'à la porte de son bureau. Je suis entré seul. Si le roi avait accepté la rencontre, après avoir opposé plusieurs refus au siège du Programme alimentaire mondial à Rome, c'était par respect pour mon père – sans doute peut-on y voir du népotisme dans toute sa splendeur. Je me suis assis en face de ce souverain intelligent et sympathique qui descendait du prophète Mahomet. Des images du minibar de ma chambre d'hôtel me traversaient l'esprit par intermittence. J'étais bien décidé à modérer ma consommation durant ce séjour. Je ne consommais qu'en privé, dans ma chambre, maintenant un équilibre précaire entre la nécessité de boire suffisamment pour ne pas être en proie au manque et celle de ne pas trop boire sous peine de ne pas être efficace. Pour l'heure, je transpirais sous ma chemise, mais avec ma veste, cela ne se voyait pas.

Le roi a tout d'abord évoqué nos familles et tout le respect qu'il avait pour mon père. Il a poursuivi en expliquant que non seulement mon père savait de quoi il parlait et avait de l'expérience, mais il disait la vérité – ce qui, selon lui, était le plus grand compliment qu'il pouvait faire à quelqu'un engagé dans les enjeux politiques cruciaux de la guerre et de la paix. Il appréciait la franchise dont mon père faisait preuve tout en restant diplomate. Ils étaient de la même étoffe : imprégnés d'histoire, respectueux, détendus.

J'étais venu pour défendre les réfugiés, mais aussi pour écouter et apprendre. Nous avons échangé nos points de vue sur la façon dont le contexte historique affectait les dynamiques dans la région. Le roi m'a bien fait comprendre que sa conduite était dictée à la fois par l'empathie et le réalisme. Il estimait que la situation était une question de survie aussi bien pour les réfugiés que pour la Jordanie, soulignant la fragilité de la sécurité nationale dans une région aussi instable. La moindre erreur pouvait coûter des vies. Cependant, il contrôlait les réfugiés qui voulaient entrer en Jordanie au moment même où nous parlions.

J'étais totalement concentré : face à la gravité de notre conversation, l'image des mignonnettes de vodka de mon hôtel s'était rapidement estompée. Des vies étaient en jeu. La discussion s'est poursuivie pendant près d'une heure en tête à tête.

Puis le roi Abdallah a échangé quelques mots avec Rick et c'est ensuite ce dernier qui s'est entretenu avec un des aides du roi que nous avons rencontré dans une autre partie du palais pour parler plus en détail des mesures que le PAM voulait mettre en place à Zaatari.

Peu après notre retour aux États-Unis, le roi Abdallah II a autorisé un bon nombre des réfugiés isolés en Syrie à rejoindre le camp de Zaatari. Ma rencontre avec lui n'avait pas été le seul facteur déterminant dans sa décision – beaucoup d'autres gens plaidaient la cause de ces gens fiers et désespérés – mais elle avait clairement aidé. Et surtout, si l'on songe à mes soucis personnels, je n'avais pas fait capoter la mission : je n'avais pas coûté la vie à des innocents.

Maintenant que c'était fait, j'avais besoin de rentrer chez moi, déboucher une bouteille et fermer la porte.

J'ai recommencé – de plus belle. Je n'ai pas tardé à boire pour éviter d'avoir mal quand je ne buvais pas. Peu importent les racines profondes de l'alcoolisme – les traumatismes non résolus, les gènes, la maladie –, désormais je buvais uniquement pour bannir la douleur du manque. Quand je perdais connaissance, je m'estimais heureux. Je souffrais tellement quand je ne buvais pas pendant un certain temps que j'avais l'impression que toutes mes articulations étaient soudées. J'étais dans un tel état d'angoisse que lorsque je me réveillais, mon oreiller était mouillé et les coussins du canapé trempés de sueur, comme si on m'avait déversé un seau d'eau dessus. J'étais fiévreux et grelottant jusqu'à ce que je prenne un verre. L'espace d'un instant, tout allait mieux. Mais cet effet était de plus en plus difficile à obtenir. Si au début un shot de vodka suffisait à me soulager, il m'a rapidement fallu un verre à whisky, puis un verre à jus de fruits et enfin une bouteille entière ne serait-ce que pour parvenir à un certain équilibre.

Au bout d'un moment, je ne réussissais même plus à me verser à boire. À l'aide d'un couteau de cuisine, je retirais l'embout en plastique qui sert à contrôler le débit sur les bouteilles et je buvais directement au goulot. J'étais si faible que même ce geste me coûtait : j'ai appris à me contorsionner de façon à alléger le poids de la bouteille afin de me faciliter la tâche. Je devais ressembler à un bootlegger de dessin animé descendant des rasades de whisky à même le cruchon.

C'est effroyable d'être soumis à la terreur d'une drogue comme l'alcool. On est obligé de continuer à boire pas simplement pour se saouler mais pour rester en vie, du moins si on en est au stade démentiel que j'avais atteint. La seule manière d'arrêter de boire en toute sécurité, c'est de se sevrer médicalement, en d'autres termes avec l'aide de professionnels. Autrement, pour moi, c'était clair, on risquait d'en mourir.

J'ai totalement arrêté de répondre au téléphone, que ce soit à mon père, à mes filles ou à qui que ce soit. Mon professeur de yoga m'a appelé un jour devant ma porte d'entrée. Je n'ai pas décroché. J'avais mis mes activités en suspens et ne cherchais plus de nouveaux clients, mais je payais mes factures grâce aux contrats à long terme que j'avais ici et là avec des clients comme HNTB, une entreprise de conception d'infrastructures d'envergure internationale, et plusieurs fonds d'investissement privés. À l'époque, je recevais également des revenus mensuels substantiels de Burisma, la compagnie énergétique ukrainienne dont j'avais rejoint le conseil d'administration début 2014.

S'il y a bien une chose que je ne voulais pas, c'était voir mon père débarquer devant mon immeuble avec tout son service de sécurité. Mais au bout de presque un mois, il en a eu assez et il est venu sonner chez moi avec une sécurité réduite au minimum. Je l'ai fait entrer. Il était manifestement effaré par ce qu'il voyait. Il m'a demandé si ça allait, et je lui ai répondu que oui.

« Je sais que tu ne vas pas bien, Hunter, m'a-t-il dit en m'examinant et en jetant un œil à l'appartement. Tu as besoin d'aide. »

J'ai lu dans ses yeux une expression de désespoir, de peur même – peur que je ne réussisse pas à m'en sortir.

Je savais qu'il ne partirait pas tant que je n'aurais pas accepté de faire quelque chose – qu'à ce stade, il me contraindrait physiquement d'une manière ou d'une autre s'il le fallait. Et cela, je voulais l'éviter à tout prix. Je n'étais pas en état de parler à cœur ouvert de Beau, de ma souffrance ou de la sienne, de l'abîme de désespoir dans lequel je me trouvais. Je savais qu'il avait raison – j'allais tout sauf bien. J'étais prisonnier d'une cuite ininterrompue qui ne pouvait plus durer. J'ai fini par lui dire que je connaissais un centre sur la côte Ouest où je pouvais me sevrer. Il m'a fait promettre d'y aller et m'a dit qu'il reviendrait pour s'en assurer. Puis il m'a serré dans ses bras et je l'ai raccompagné à la porte. Cela s'est fait sans histoires, sans étincelles.

Deux jours plus tard, je m'envolais pour l'Esalen Institute, un centre établi à Big Sur, en Californie, où j'avais déjà effectué une retraite de yoga basée sur les douze étapes qui m'avait aidé à une époque. Cette fois, je me suis sevré essentiellement en participant à divers ateliers. Une fois rétabli, je suis parti une semaine skier seul au lac Tahoe, en descendant les mêmes pistes que nous avions dévalées il y a des années, Beau, papa et moi. À mon retour, j'avais décroché, j'étais en bonne santé – et en vie.

Mon père m'a littéralement sauvé. Quand il a sonné chez moi, il m'a arraché à l'état dans lequel je me trouvais et m'a donné envie de m'en sortir. Si j'avais été livré à moi-même, je suis sûr que je n'aurais pas survécu.

C'était tout lui. Il m'a toujours rappelé que tout n'était pas perdu. Il ne m'a jamais abandonné, jamais évité, jamais jugé, même quand la situation dégénérait – et croyez-moi, à partir de là, elle n'a fait qu'empirer. Une théorie répandue veut que les gens qui souffrent de dépendance doivent toucher le fond avant de pouvoir être aidés. Autour de moi, ceux qui ont touché le fond sont morts. Bien qu'il ait toujours été très occupé, mon père ne m'a jamais, jamais laissé tomber.

Je pense que c'est parce qu'il avait besoin de moi. Quand je dis moi, il ne s'agit pas de moi seul. À bien des égards, la plus grande expression de son amour était celui qu'il nous portait, à Beau et moi. Et j'étais désormais tout ce qu'il en restait. Cela ne signifie pas pour autant qu'il n'aime pas ma sœur ni ma mère par-dessus tout, mais nous avons toujours été persuadés, Beau et moi, que papa pensait sincèrement, tout comme nous, que nous partagions tous les trois quelque chose d'unique. Et par conséquent il ne m'a jamais laissé m'évanouir dans la nature, jamais laissé m'échapper, malgré mes multiples tentatives au cours des trois ans et demi qui ont suivi. Il y avait des moments où sa ténacité m'exaspérait – j'essayais de me fondre dans la nuit en sombrant dans l'alcool ou les drogues, et voilà qu'il débarquait à nouveau avec sa lanterne pour m'éclairer, m'empêchant de disparaître.

Je n'ai jamais autant trahi l'amour qui existe entre nous que lorsque j'ai disparu. C'était ça ou le suicide.

6

Burisma

L'épisode qui a conduit à la procédure de destitution d'un président et m'a plongé au cœur du plus grand mensonge politique de la décennie est remarquable par son extraordinaire banalité. Il ne contient pas de sombre machination internationale. Aucune luxure répréhensible, aucune turpitude morale susceptible de dédouaner d'autres acteurs coupables. En bref, il n'y a rien là-dedans – sinon dans l'univers corrompu d'initiés créé pour leur profit politique et personnel par Trump, Giuliani et leur clique de bandits.

Les cinq années où j'ai siégé au conseil de Burisma Holdings, un des plus gros producteurs privés de gaz naturel d'Ukraine, trouvent leur origine, comme beaucoup de choses dans ma vie à l'époque, dans les circonstances entourant la maladie de mon frère. Que ce soit clair : les problèmes de santé de Beau ne m'ont pas incité à faire quelque chose que je n'aurais pas fait autrement. L'argent était bienvenu, mais j'aurais pu trouver un autre moyen d'en gagner. Je n'étais pas aux abois. Mais cet argent me permettait de ne pas avoir à rechercher constamment de nouveaux clients, ce qui était l'aspect le plus chronophage de mon travail – il me fallait creuser vingt puits secs avant de tomber sur un gisement. Il me laissait plus de temps pour m'occuper de Beau.

J'avais appris que mon frère avait une tumeur quelques mois avant que Devon Archer, un de mes associés de Rosemont Seneca, ne m'appelle au sujet de Burisma. Parmi nos affaires, celle qui avait le plus de potentiel était un partenariat avec un fonds d'investissement privé chinois qui cherchait à investir des capitaux dans des entreprises extérieures au pays. Dans cette affaire, j'étais un conseiller non rémunéré et à ce jour je n'ai reçu aucun paiement à la suite de cette transaction. Mais comme tout le reste, elle a rejoint le cercle toujours plus large des délires conspirationnistes de Trump, de la théorie selon laquelle Barack Obama ne serait pas né sur le sol américain à la mouvance QAnon.

En 2013, mon père a demandé à ma fille Finnegan, qui était alors adolescente, de l'accompagner sur Air Force Two tout d'abord au Japon, puis en Chine où il devait rencontrer le président Xi Jinping. Il demandait souvent à ses petits-enfants de venir avec lui quand il partait à l'étranger. C'était l'occasion pour lui de profiter un peu d'eux. Je les ai rejoints au Japon pour faire le voyage jusqu'en Chine, afin de passer du temps avec eux. À Pékin, mon père a croisé un des associés chinois de Devon, Jonathan Li, dans le hall de l'hôtel de la délégation américaine, juste le temps de lui serrer la main. Je rencontrais Li par simple courtoisie, car j'étais de passage dans le pays ; l'accord avait été conclu plus d'une semaine auparavant. Li et moi, nous sommes ensuite allés prendre un café.

C'était tout – jusqu'à ce que Trump déclare que j'étais reparti de Chine avec 1,5 milliard de dollars. Ce chiffre avait été tiré d'une déclaration faite par un représentant de la société disant que c'était le montant des fonds qu'ils espéraient lever. Le montant levé avant ce voyage en Chine était en réalité de 4,2 millions de dollars. À l'époque, je ne détenais aucun capital dans cette société et n'en ai acquis une part de 10 % que lorsque mon père n'a plus été en poste.

Deux mois plus tard, alors que Devon voyageait pour récolter de l'argent aux États-Unis et à l'étranger pour son fonds d'investissement immobilier – entreprise à laquelle je n'étais pas associé –, il a fait la connaissance de Mykola Zlochevsky, le propriétaire et président de Burisma. Or cette rencontre a eu lieu à un moment critique pour l'Ukraine moderne. Après le rejet par le président Viktor Ianoukovitch d'un accord commercial avec l'Union européenne en 2013, les Ukrainiens avaient investi en masse la place centrale de Kiev, la capitale, pour exiger des réformes en matière d'économie et de droits de l'homme et la fin de la kleptocratie du régime soutenu par Poutine. Les manifestations se sont poursuivies pendant trois mois au cœur de l'hiver glacial. Les forces de sécurité gouvernementales ont fini par attaquer les campements des manifestants et tirer dans la foule, tuant des dizaines de personnes et laissant les blessés se vider de leur sang dans les rues. Les Ukrainiens ont fait brûler des pneus et se sont barricadés pour se protéger d'un massacre plus terrible encore. C'était une véritable révolution.

Ianoukovitch a fui vers la frontière dans la nuit et débarqué à Moscou, où il vit désormais en exil, sous le coup d'une condamnation pour haute trahison en Ukraine. Mais à Kiev, l'heure n'était pas aux célébrations. Alors qu'elle était encore sous le choc du carnage et du chaos semé par son gouvernement, la nation a assisté à une audacieuse opération militaire menée par de mystérieux « petits hommes verts » – des forces spéciales russes masquées en uniforme dépourvu d'insigne – qui se sont emparés de sites militaires et gouvernementaux en Crimée, la péninsule de la mer Noire que Poutine n'allait pas tarder à annexer. Les troupes russes se sont ensuite massées le long de la frontière est de l'Ukraine, à proximité d'une zone où Burisma exploite de nombreux champs de gaz naturel – convoités par la Russie. Zlochevsky et d'autres Ukrainiens voyaient en Poutine une menace insidieuse pour le pays, et par extension pour Burisma.

À son retour de Kiev, Devon m'a parlé de la conversation qu'il avait eue avec Zlochevsky, l'ancien ministre ukrainien de l'Écologie et des Ressources naturelles, qui avait cofondé Burisma en 2002. Intelligent, sérieux, imposant – près d'un mètre quatre-vingt-dix pour cent dix kilos au bas mot, le crâne rasé et un cou pour ainsi dire inexistant –, Zlochevsky était soucieux de protéger son entreprise des avancées de Poutine. Dans ce but, il voulait attirer des investisseurs américains et européens à la fois pour développer son entreprise et pour montrer sa solidarité avec les pays de l'Ouest. Cette solidarité était à ses yeux un rempart contre l'agression de la Russie. Afin de renforcer ces liens, il voulait s'assurer que les pratiques de Burisma étaient conformes aux standards occidentaux de gouvernance d'entreprise et de transparence.

C'était beaucoup demander en Ukraine, qui figurait depuis longtemps en tête du classement des pays les plus corrompus. Pour contribuer à redorer la réputation de Burisma, Zlochevsky mettait en place un conseil d'administration comprenant des non-Ukrainiens qui jouissaient d'une certaine notoriété et d'un réseau de contacts internationaux. Le plus célèbre était Aleksander Kwasniewski, ancien président de

Pologne et pilier de la démocratie. Devon m'a dit qu'il avait suggéré mon nom – ainsi que le sien – pour siéger à ce conseil.

Kwasniewski n'a pas tardé à me contacter. Il m'a exposé son analyse éclairée de la menace que représentait la Russie pour une jeune démocratie comme l'Ukraine. Il estimait que Burisma jouait un rôle crucial pour maintenir l'indépendance du pays. En orateur convaincant, il s'est livré à un plaidoyer passionné aux accents parfois poétiques. Il a souligné l'importance de ce moment historique. La mainmise de l'Union soviétique sur la région faisait partie de l'histoire récente : à peine plus de vingt ans auparavant, la Pologne et l'Ukraine étaient encore sous contrôle soviétique. Selon lui, les Occidentaux se berçaient d'illusions en imaginant que le rideau de fer ne pouvait pas s'abattre à nouveau du jour au lendemain. « La Russie sans l'Ukraine est juste la Russie, expliquait-il. La Russie avec l'Ukraine est l'Union soviétique. »

Puis il a évoqué la récente élection de populistes d'extrême droite en Pologne, ainsi que l'émergence de démagogues prorusses dans de jeunes démocraties d'Europe de l'Est. L'offensive de la Russie en Ukraine était une tentative de la part de Poutine d'annexer non seulement le territoire et le peuple, disait-il, mais aussi les secteurs les plus importants de l'économie du pays, et en premier lieu celui de l'énergie. « Le seul moyen de se protéger de cette agression, m'a expliqué Kwasniewski, est de renforcer les entités indépendantes, non gouvernementales, qui peuvent permettre à l'Ukraine de s'épanouir. »

C'était exaltant. D'une importance majeure. Et, pour être franc, bien rémunéré.

Il est évident que le salaire mensuel à cinq chiffres qu'on me proposait était attractif. Il était comparable aux compensations que recevaient les membres de conseils d'administration de certaines entreprises du classement Fortune 500, mais je n'étais pas habitué à être aussi généreusement rétribué pour ce genre de travail : mes fonctions au conseil d'administration de la branche américaine du Programme alimentaire mondial étaient bénévoles et Amtrak couvrait simplement mes dépenses. Cela dit, cette rémunération arrivait à point nommé. Je passais tellement de temps avec Beau, qui avait besoin d'être soigné de façon urgente, que je négligeais mes affaires. Je ne dis pas que je n'aurais pas accepté l'offre de Burisma si Beau n'était pas tombé malade – je le répète, l'argent était bienvenu.

« C'est une entreprise privée, c'est normal que vous soyez payé », m'a dit Kwasniewski à un moment, en réponse à la contradiction que je pouvais percevoir entre l'idéalisme du projet et la générosité de la compensation. Il a ajouté : « Vous pouvez être payé par les Russes ou par les gens qui les combattent. »

J'avais beau être intéressé, je restais prudent. J'ai mené mon enquête. Quand on traite avec des entreprises à l'étranger, la frontière entre les bons et les méchants est parfois trouble. Bon nombre de sociétés en dehors des États-Unis opèrent dans un certain flou en ce qui concerne les marchés et les règles auxquelles elles doivent se conformer. Les entreprises américaines adhèrent au Foreign Corrupt Practices Act, qui applique le droit américain à toute personne morale américaine dans ses opérations nationales et internationales. C'est pour cette raison que, mettons, ExxonMobil, ne peut pas verser de pots-de-vin au président de Papouasie-Nouvelle-Guinée pour obtenir le droit de forer.

La réglementation des entreprises est moins stricte ailleurs dans le monde. J'ai donc soumis le dossier Burisma à Boies

Schiller Flexner, le cabinet basé à New York où j'étais avocat. Boies Schiller, qui a des bureaux dans plusieurs villes des États-Unis ainsi qu'à Londres, a les mêmes compétences internationales que n'importe quel grand cabinet au monde et tenait à vérifier si Burisma était une entreprise respectable avant d'accepter de traiter avec elle.

De son côté, Burisma m'a montré un rapport effectué par Kroll, un des plus importants cabinets de renseignement d'affaires qui publie une étude annuelle intitulée *Global Fraud and Risk Report*. Le rapport concluait à la santé financière de l'entreprise, mais il remontait à un an et demi. Cela m'inquiétait. Boies Schiller a alors mandaté Nardello & Co, un autre cabinet d'investigation international. Fondé par un ancien procureur fédéral, Nardello est spécialisé dans la recherche de versements de dessous-de-table et d'autres pratiques corrompues au sein des entreprises étrangères. Ils ont épluché les opérations de Burisma pour s'assurer que son capital était légalement détenu et que la communauté internationale estimait que c'était une entreprise digne de confiance. C'était le meilleur moyen pour celle-ci de gagner le soutien d'un certain nombre d'alliés et d'investisseurs méfiants et de continuer à se développer.

Burisma cochait toutes les cases essentielles. Il y avait des incertitudes sur la régularité de l'attribution de contrats à une entreprise dont Zlochevsky était propriétaire quand il était ministre de l'Écologie et des Ressources naturelles, mais à l'époque, en Ukraine, il n'y avait guère de producteurs privés de gaz naturel comme Burisma. La majeure partie des exploitations de gaz naturel étaient des entreprises publiques.

(Je souligne qu'aucun des enquêteurs n'était au courant que Zlochevsky faisait l'objet depuis peu d'une investigation au

Royaume-Uni. Les autorités avaient gelé les avoirs de ses comptes bancaires à Londres qui s'élevaient à 23 millions de dollars, tandis qu'ils enquêtaient sur des allégations de blanchiment d'argent. Le Serious Fraud Office britannique a fini par débloquer les avoirs début 2015 et classé l'affaire trois ans plus tard.)

Comme bien d'autres observateurs extérieurs, j'ai encore du mal à mesurer l'étendue exacte de l'emprise tentaculaire de la corruption russe en Ukraine. Je suis toujours stupéfait de constater l'implication quasi systématique de la Russie à tous les niveaux. Il est difficile de ne pas voir dans la réussite de quiconque dans la région les mains sales de la Russie.

Lorsque j'ai mené mon enquête avant d'entrer au conseil d'administration, j'ai vérifié si Zlochevsky avait ou non des antécédents judiciaires, s'il dirigeait ou non une entreprise transparente qui répondait aux normes de gouvernance occidentales. Je n'ai pas fouillé plus loin pour vérifier s'il s'était ou non enrichi de façon légale durant les décennies de kleptocratie et de corruption qui remontaient à l'époque où l'Ukraine était encore une République de l'Union soviétique. Je voyais en lui un homme qui tentait de rompre avec l'influence russe, soit par intérêt personnel, soit par une forme de patriotisme. Je savais que cela allait bien au-delà du simple instinct de conservation. Il se tournait vers l'Ouest à un moment critique, alors que cette entreprise en particulier avait besoin d'exister indépendamment et d'échapper à Poutine et aux griffes russes.

Poutine veut l'Ukraine pour quatre raisons bien précises : il veut des ressources naturelles, et spécifiquement du gaz naturel ; il veut le port de Crimée ; il veut un pont terrestre entre l'Extrême-Orient et l'Europe ; et il veut un tampon entre la Russie et l'OTAN pour accroître sa sphère d'influence. La raison pour laquelle la Russie voulait mettre le grappin sur Burisma était d'une simplicité enfantine : le gaz naturel. John McCain l'a résumé mieux que quiconque : « La Russie est une station-service déguisée en pays. » Sans pétrole ni gaz, l'économie russe, comparée à celle des cinquante États américains, se classerait en termes de PIB juste devant celle de l'Illinois. Poutine tire son pouvoir du contrôle des ressources naturelles, en particulier énergétiques, et des quelque six mille huit cents têtes nucléaires de la Russie.

Ce serait facile de décréter que Zlochevsky est sujet à caution. Mais il faut bien commencer quelque part. L'Ukraine était en pleine crise. Aussi imparfaite que soit l'entité que l'on me demandait de soutenir, je savais une chose, que Kwasniewski avait soulignée avec force : Burisma était opposée aux intérêts directs de l'homme le plus dangereux du monde – Vladimir Poutine. Si je devais opter pour un camp – et si j'étais payé pour le faire –, je choisirais le même, au lieu de soutenir l'homme aux côtés duquel le Président Trump s'est rangé.

Une fois toutes ces vérifications faites, Boies Schiller a recommandé que Burisma poursuive ses efforts pour se mettre en conformité avec les standards de transparence et de gouvernance d'entreprise et cherche à se diversifier en établissant des partenariats avec des entreprises internationales du monde entier.

Outre Kwasniewski, le conseil d'administration comprenait d'autres poids lourds respectés. Alan Apter, un banquier d'affaires américain basé à Londres, avait conseillé des entreprises un peu partout en Europe de l'Est. Joseph Cofer Black, qui allait entrer au conseil en 2016, était directeur du centre du contre-terrorisme de la CIA sous l'administration de George W. Bush. Il est évident que mon nom de famille était une référence convoitée. Cela a toujours été le cas – si d'aventure un des rejetons Trump essayait de se faire embaucher ailleurs que dans les affaires de son père, vous croyez que son nom ne rentrerait pas en ligne de compte ? Ma réponse a toujours été de travailler plus dur pour ne devoir ma réussite qu'à moi-même.

Cependant, j'avais toutes les compétences pour faire le nécessaire chez Burisma. Comme souvent dans les conseils d'administration, on ne faisait pas appel à moi pour donner des conseils dans des domaines où l'entreprise avait déjà ses propres experts – en l'occurrence, celui du gaz naturel. Ma mission était plutôt de suivre les recommandations de Boies : veiller à ce que Burisma continue à mettre en place des pratiques satisfaisantes en termes d'éthique. Burisma ne partait pas de rien : ce n'était manifestement pas le jouet d'un oligarque oisif, mais une entreprise extrêmement bien gérée.

Étais-je un expert en gouvernance d'entreprise ? Avais-je l'expérience et les contacts requis dans le monde entier ? En tant que membre non rémunéré du conseil d'administration de la branche américaine du Programme alimentaire mondial, que les États-Unis soutenaient au travers de six différentes agences, j'avais contribué à augmenter le financement de 60 % en cinq ans – jusqu'à plus de 2 milliards de dollars. Dans le cadre de ma mission au sein du PAM-USA, et dans d'autres organisations à but non lucratif, dont des associations catholiques et Campagne ONE de Bono, j'avais été amené à interagir avec des gouvernements et des chefs d'entreprise d'innombrables pays – la Jordanie, la Syrie, le Liban, le Kenya, Djibouti, etc. Quand je siégeais chez Amtrak, j'avais aidé le conseil à trouver un nouveau président, avec à la clé la promesse de négocier une convention collective pour la première fois depuis huit ans. En ma qualité de directeur du commerce numérique au département du Commerce à la fin des années 90, j'avais souvent accompagné le secrétaire d'alors, William M. Daley, aux quatre coins du monde, d'Uruguay au Caire en passant par le Vietnam et le Ghana. J'avais tellement voyagé pour ma propre société de conseil et j'avais des contacts dans une telle multitude d'endroits que mon argumentaire choc face aux clients était que je pouvais leur constituer un portefeuille allant de Baltimore à Pékin. Alors, oui, j'apportais autre chose que mon seul nom de famille à la table du conseil d'administration de Burisma.

Ma collaboration était transparente et a été largement diffusée dès le début. Burisma a annoncé ma nomination dans un communiqué de presse, et moins d'une semaine après le *Wall Street Journal* publiait un article. C'est à ce moment-là que mon père m'a appelé pour me dire : « J'espère que tu sais ce que tu fais », voulant s'assurer que j'avais fait les vérifications nécessaires et mené mon enquête pour être certain d'être dans la légalité. Je l'ai rassuré. J'avais travaillé avec des entreprises étrangères durant ses deux mandats de vice-président – depuis que j'avais arrêté mes activités de lobbying pour le compte d'universités jésuites et autres – et personne chez Burisma n'avait même évoqué l'idée que je puisse influencer le gouvernement. Le fait est qu'il n'y avait quasiment aucun endroit au monde qui échappait aux sphères d'influence de mon père.

Le directeur général de l'organisation anticorruption Citizens for Responsibility and Ethics à Washington a déclaré à l'époque à un journaliste : « Ce n'est pas parce que votre père est vice-président que vous ne pouvez rien faire. »

Le comble de l'ironie, évidemment, c'est que le prestige de mon nom vient du rôle qu'a joué mon père en tant que fer de lance de l'action du gouvernement qui plaidait pour une plus grande transparence dans le pays. Le soutien américain et international à l'Ukraine et au président pro-occidental qui a remplacé Ianoukovitch était conditionné à l'éradication de la corruption. Dans bien des cas, cette dernière était directement liée à l'influence croissante de Poutine.

Une des priorités de mon père était le renvoi du procureur général du pays, Viktor Chokine, qui n'avait pas réellement enquêté sur la corruption. Cette opinion était largement partagée par les alliés européens. Parmi les entreprises de premier plan que Chokine était accusé de ne pas avoir poursuivies se trouvait Burisma. Ce qui m'était apparu après avoir enquêté sur celle-ci, c'est à quel point il était devenu crucial pour la Russie de prendre le contrôle du secteur énergétique ukrainien. Comme me l'avait expliqué en détail Kwasniewski lors de notre première discussion, la Russie semblait s'attaquer à Burisma autant qu'à l'Ukraine. Cette analyse a depuis été confirmée par de nombreuses révélations.

On a ainsi découvert que des espions militaires russes avaient tenté de pirater Burisma à l'automne 2019 dans l'espoir de dénicher des informations compromettantes sur mon père et moi. Leur attaque sur les serveurs de Burisma coïncidait avec l'enquête en destitution de Trump menée par le Congrès en novembre dernier, afin de savoir s'il avait forcé la main du président ukrainien Volodymyr Zelensky pour qu'il enquête sur Burisma et moi. Pour appuyer son chantage, Trump avait gelé près de 400 millions de dollars d'aide militaire approuvée, et mis en danger des vies en Ukraine. Les coupables russes appartenaient à la même agence d'espionnage qui avait piraté les serveurs du Parti démocrate et John Podesta, le directeur de campagne de Hillary Clinton, en 2016.

Pendant ce temps, chaque jour ou presque, on en apprenait davantage sur le travail de fouille-merde auquel s'était livré Giuliani pour le compte du Président. Les textes et les documents fournis par Lev Parnas, un Américain d'origine ukrainienne qui lui servait de facilitateur en Ukraine, montraient le caractère foncièrement méprisable et corrompu de ces transactions – et expliquent que Trump ait adopté mon nom comme cri de ralliement afin de détourner l'attention du sien. Parmi ces documents figuraient des notes que Parnas avait prises alors qu'il était au téléphone avec Giuliani à Vienne. L'une d'entre elles faisait allusion avec une clarté presque comique aux efforts qu'ils déployaient pour pousser Zalensky (comme il orthographie son nom dans ses notes) à annoncer une enquête sur mon père. Voici presque mot pour mot ce qui est dit : « Persuader Zalensky d'annoncer que l'affaire Biden fera l'objet d'une enquête. »

Parmi les nombreuses révélations chocs de Parnas, l'une des plus accablantes concernait les liens qu'entretenait Giuliani avec Dmytro Firtash, un oligarque ukrainien que des procureurs fédéraux américains présentaient comme un complice du crime organisé russe. Firtash était également décrit de façon plus charitable comme un « agent d'influence du Kremlin » ou encore un « acteur politique représentant les intérêts russes en Ukraine ». Il était par ailleurs rapporté que Firtash était lié à Semion Mogilevich, soupçonné d'être le boss des boss de la mafia russe – il figurait sur la liste des dix fugitifs les plus recherchés par le FBI. Il semblerait par ailleurs que Firtash soit la personne avec laquelle Giuliani aurait tenté à plusieurs reprises de conclure un marché, en lui promettant d'obtenir l'arrêt des poursuites du département de la Justice visant à l'extrader aux États-Unis pour actes de corruption.

Que toutes les allégations de Parnas se révèlent exactes ou non n'est pas la question. Pour reprendre les mots d'une chroniqueuse du *New York Times* : « Le seul fait qu'une personne comme Parnas effectuait des missions internationales de haut vol pour le Président montre les pratiques mafieuses de cette administration. »

C'est la raison pour laquelle Burisma estimait que mon nom valait de l'or. Comme l'a déclaré depuis Kwasniewski : « Je me doute que si l'on me demande de m'associer à un projet, ce n'est pas seulement pour mes compétences ; c'est aussi parce que je m'appelle Kwasniewski et que je suis un ancien président polonais. Et tout est lié. Si votre nom n'est pas connu, vous n'êtes personne. S'appeler Biden, ce n'est pas mal. C'est un bon nom. »

Pour faire court : la présence d'un Biden au conseil d'administration de Burisma était clairement un énorme doigt d'honneur à Poutine.

Je suis entré au conseil en avril 2014. La dynamique des conseils d'administration diffère selon les organisations. Ils peuvent se montrer combatifs en cas de crise, de bouleversement de la direction ou de menace de rachat. Ils peuvent jouer le rôle d'arbitres ou d'agents du changement. Dans le cas de Burisma, nous servions essentiellement de garde-fous, si jamais les opérations dérapaient ou les objectifs sortaient des clous – ou si la situation explosait de nouveau avec la Russie.

Burisma était une machine bien huilée qui respirait toute la confiance d'une entreprise qui avait encore une grande marge de développement. Le conseil d'administration se rassemblait deux fois par an pour des réunions ou des forums sur l'énergie dans divers lieux en Europe. Les préoccupations ou les désaccords qui pouvaient surgir sur des décisions organisationnelles étaient réglés en avance. Nous recevions des communications régulières sur les recrutements, les projets en cours et potentiels et d'autres questions relatives à l'entreprise, puis nous donnions notre aval si nécessaire. Lors des réunions, nous approuvions les résolutions requises par la charte et suggérions des idées d'expansion.

La culture d'entreprise était à la fois sophistiquée et fruste. Cela venait de Zlochevsky. Avec sa carrure de lutteur enveloppée de costumes sur mesure et de manières de gentleman, il était difficile de ne pas le remarquer. Son visage aux joues flasques arborait quasi en permanence un sourire ironique qui pouvait paraître déconcertant s'il ne semblait pas le plus souvent s'adresser à lui-même. Il ne supportait pas les imbéciles. Il s'exprimait essentiellement en russe et en ukrainien, pas en anglais. Dans les réunions du conseil, un interprète se tenait derrière une vitre insonorisée et les membres avaient des écouteurs comme à l'Assemblée générale des Nations unies. Quoi qu'il en soit, durant les dîners du conseil d'administration, Zlochevsky ne se montrait guère loquace malgré la présence de son interprète assis systématiquement à côté de lui. Il écoutait. Kwasniewski, qui parlait polonais, russe, ukrainien et anglais (ainsi que six autres langues, probablement), nous régalait d'anecdotes de coulisses et d'histoires politiques savoureuses de la Pologne d'avant. Apter nous éclairait sur la question du Brexit et la viabilité de l'Union européenne. Zlochevsky, quant à lui, se contentait d'écouter avec attention, penché en avant. Il se concentrait ainsi sur tout le monde – même les serveurs.

Zlochevsky était un passionné de l'énergie. Il n'était jamais aussi enthousiaste que lorsqu'il parlait des questions de géologie, d'ingénierie et des engins entourant les opérations de forage de Burisma. Il était particulièrement prolixe sur tout ce qui concernait ses usines de traitement : leurs systèmes, leur propreté. Il adorait montrer des vidéos filmées par des drones qui donnaient une vue d'ensemble de la manière dont le vaste réseau de canalisations utilisées pour extraire le gaz était emboîté. Ses plus proches amis étaient les jeunes ingénieurs de la compagnie et les gens de Burisma qui étaient sur le terrain. Cependant, ce n'était pas un technocrate froid. Quand il était ministre de l'Écologie, Zlochevsky avait lutté pour faire cesser une pratique ancienne en Ukraine qui consistait à garder les ours en captivité, enchaînés dans des fosses. Politiquement, c'était une position impopulaire, mais il avait persévéré et fini par obtenir une réforme.

À la mort de Beau, Zlochevsky a été d'une gentillesse incroyable avec moi. Deux mois après l'enterrement, il a décidé que le conseil d'administration se tiendrait finalement dans un chalet de pêche au nord de la Norvège, au bord du plateau continental. Tout cela parce que je lui avais raconté un jour que le fils de Beau adorait pêcher. Zlochevsky m'a dit d'emmener le jeune Hunter avec moi, ainsi que ma fille Maisy, qui est toujours prête pour l'aventure, et c'est ainsi que trois jours durant, tous les quatre, nous avons lancé une ligne à trente mètres de fond avec neuf crochets à différents niveaux et nous avons pris neuf poissons. Hunter et Maisy sautaient d'un ponton dans l'eau glacée puis ressortaient pour sauter dans des sources chaudes. Le plus souvent – sans doute trop au goût de Zlochevsky – je restais dans mon coin, mais nous nous sommes beaucoup amusés sur ce bout de terre où le soleil ne se couchait pas. J'étais touché par sa prévenance.

Mon travail chez Burisma, comme je l'ai dit, consistait à

surveiller les pratiques d'entreprise et suggérer des améliorations si nécessaire. En outre, j'avais la responsabilité du développement commercial et du déploiement des activités. Je voulais que le reste du monde voie que Burisma pouvait opérer de façon responsable en dehors de l'Ukraine. Je lui ai recommandé de s'investir dans un projet géothermique en Italie et d'essayer de participer aux opérations de forage et de construction d'un gazoduc au Kazakhstan. Quand Pemex, la compagnie pétrolière publique du Mexique, a ouvert la voie à la privatisation des opérations de forage dans la formation rocheuse d'Eagle Ford, au nord du pays, j'ai fourni des contacts à Mexico que j'avais noués par le passé et je m'y suis rendu pour organiser les réunions.

Burisma excellait dans son domaine et augmentait de plus en plus ses capacités. C'est ce que je recherchais, encourageais et soutenais. Tout cela pour que finalement mon nom devienne un cri de ralliement de la campagne de Trump, qui rapporterait des millions en vente de tee-shirts : « Où est Hunter ? », 25 dollars, du S au XXXL !

Est-ce que j'ai commis une erreur en acceptant de siéger au conseil d'administration d'une société gazière ukrainienne ? Non.

Est-ce que j'ai manqué de jugement ? Non.

Est-ce que je le referais ? Non.

Je n'ai rien fait qui soit contraire à l'éthique et je n'ai jamais été accusé de malversations. Étant donné l'environnement politique actuel, je ne crois pas que si j'avais refusé ce siège, cela aurait changé quoi que ce soit : j'aurais été attaqué de toute façon. En réalité, j'aurais pu faire n'importe quoi, cela n'aurait eu aucune importance : ces attaques ne me visaient pas, elles étaient uniquement destinées à nuire à mon père.

Il le comprend, naturellement, bien mieux que moi. Chaque fois que je me suis excusé auprès de lui d'avoir ainsi exposé sa campagne au feu des critiques, il m'a répondu qu'il était désolé de m'avoir mis dans l'embarras en m'exposant moi, en particulier à un moment où j'étais déterminé à guérir. C'est le plus grand débat politique que nous ayons eu pendant des mois, mon père et moi : qui devait des excuses à l'autre ?

Ma seule erreur de jugement est de ne pas avoir imaginé en 2014 que trois ans plus tard Donald Trump serait à la Maison Blanche, où il emploierait toutes les stratégies de la terre brûlée à sa disposition pour rester en place. Sachant tout cela, non, je n'accepterais pas de siéger au conseil d'administration de Burisma. Trump serait forcé de trouver une autre manœuvre de diversion pour détourner l'attention de sa conduite passible de destitution.

Les années passées chez Burisma ont eu cependant une autre conséquence imprévue – et, d'une certaine façon, elles ont eu des répercussions bien plus graves que toutes les imbécillités inventées par Giuliani. Burisma a été un élément clé de ma plongée la plus vertigineuse dans l'addiction. Si au départ ma confortable rémunération m'a permis de disposer de plus de temps et de moyens pour m'occuper de mon frère, elle a servi les pires aspects de mes pulsions addictives après sa mort.

Burisma n'était pas ma seule source de revenus à cette période. Je suis resté opérationnel quasiment jusqu'à la fin. J'ai gardé des clients plus longtemps qu'on l'aurait imaginé et je touchais également de l'argent que me rapportaient des investissements faits au fil des années. Mais au bout du compte, dans ma folie dévastatrice, le salaire du conseil s'est métamorphosé en une sorte de monnaie malfaisante qui me poussait à dépenser de façon imprudente, dangereuse, destructrice.

Humiliante.

Et c'est ce que j'ai fait.

7

Défoncé

Quatre mois après être rentré de l'Esalen Institute, j'ai plongé dans une de ces spirales de consommation effrénée que peu de toxicomanes voient venir.

Finies les semaines passées à me saouler, barricadé dans mon appartement. Je fréquentais assidûment un centre de désintoxication de Washington, où le personnel me testait régulièrement pour vérifier si j'avais consommé de l'alcool ou de la drogue. Je me rétablissais, je mangeais sainement et je suivais tous les jours des cours de yoga, tout en réintégrant la réalité en conseillant cinq ou six clients importants. Puis le week-end du Memorial Day 2016, je suis parti à Monte-Carlo pour assister à une réunion du conseil d'administration de Burisma. Je me sentais suffisamment en forme pour inviter ma fille aînée Naomi à m'accompagner, en guise de cadeau pour le diplôme de Penn qu'elle avait décroché au début du mois.

Ce week-end a rapidement viré au conflit – puis au désastre. Le conseil d'administration en soi était banal et essentiellement de pure forme. Cependant, je me suis bientôt retrouvé sur une scène pour discuter d'économie mondiale avec un panel d'économistes et d'anciens ministres des Finances de toute l'Europe habitués à balayer toute opinion divergente. Ma première erreur a été de dire le fond de ma pensée. La seconde, d'avoir raison.

J'ai déclaré que le référendum sur le Brexit, qui devait se tenir quelques semaines plus tard au Royaume-Uni, avait de fortes chances de passer. Selon l'idée qui avait alors cours, le Brexit était peu probable. Mais cette idée ne résistait pas face à la montée du populisme d'extrême droite dans le monde, comme en Pologne, au Brésil ou en France. Aux États-Unis, Trump était devenu le candidat probable du Parti républicain. Nul besoin d'être un grand devin pour savoir ce vers quoi on se dirigeait. Il suffisait de lever le nez pour sentir que le vent tournait.

Je ne soutenais pas que le Royaume-Uni avait intérêt à choisir le Brexit. Manifestement, que cela soit le cas ou non n'avait pas d'importance pour ces partis politiques. Je jugeais plus que probable que les Britanniques scieraient la branche sur laquelle ils étaient assis et voteraient la sortie de l'Union européenne contrairement à l'opinion généralement admise. Cependant, les autres intervenants, qui avaient consacré leur carrière à instituer et protéger l'Union européenne, ne voulaient rien entendre. En gros, ils me traitaient de fou. J'aurais pu laisser couler et passer à autre chose. Ou répondre de façon plus diplomate. Au lieu de quoi, quand le groupe de sages barbus grisonnants a rejeté mon pronostic sur le Brexit avec ce qui m'a paru être une arrogance condescendante – « Qu'est-ce qu'un Américain peut en savoir ? » –, j'ai baissé le nez et foncé, métaphoriquement s'entend, dans le tas.

La discussion est vite devenue agressive, puis a failli dégénérer. J'ai aperçu dans le public Naomi qui ne savait plus où se mettre. Je m'en suis sorti, mais j'ai pris un verre ou deux après. Le soir, tandis que Naomi était sortie avec la fille de Zlochevsky, je suis allé faire un tour dans la boîte de nuit de l'hôtel et j'ai de nouveau bu. Monte-Carlo offre des tentations pour tous les goûts. Quand je suis allé aux toilettes, quelqu'un m'a proposé de la cocaïne. Et j'ai accepté.

J'ai aussitôt regretté cet écart. À mon retour aux États-Unis, je suis allé directement au centre pour tout avouer à mes thérapeutes. J'en ai même parlé lors du groupe de parole qui se tenait ce jour-là. Je voyais cette rechute comme un accident de parcours inquiétant mais qui n'avait rien d'irréversible. J'étais toujours aussi déterminé à guérir. Sur ce, un thérapeute m'a dit qu'il était tenu d'en informer Kathleen – c'était l'accord que j'avais passé dès le départ. Il a ajouté que je devais faire un test de dépistage, alors même que j'avais admis ce que j'avais fait. Kathleen et moi étions séparés depuis près d'un an et notre divorce était imminent. Le test de dépistage n'était pas couvert par le secret médical et pourrait être utilisé contre moi devant un tribunal. Je me sentais piégé. J'ai refusé de me soumettre au test tout en continuant à admettre ce que j'avais fait. Je ne voulais pas que ce soit mis par écrit, je voulais seulement guérir.

La discussion s'est envenimée. Quelques mois plus tôt déjà, un thérapeute d'un autre centre avait dit à mes filles que si elles m'adressaient la parole, elles se rendraient complices de ma mort – ce qui pour moi était scandaleux. J'étais donc à cran. Et l'obstination du centre à vouloir me faire subir un test de dépistage pour prouver quelque chose que j'avais ouvertement admis a suffi à me faire exploser. Je suis parti furieux. Et comme tout toxicomane ou tout alcoolique qui se respecte, j'ai épousé ma colère pour nourrir mon addiction. Le type même de la logique de l'addict.

J'ai sauté sur le vélo avec lequel j'étais venu et filé directement du côté de Franklin Square, au coin de 14th Street et de K, qui était depuis longtemps un véritable bazar de la drogue, à quelques blocs à peine de la Maison Blanche. Je n'ai pas tardé à repérer celle que je cherchais : Bicycles.

Tous ceux ou presque qui vivent ou travaillent à Washington ont déjà croisé Bicycles, également connue sous le nom de Rhea (comme elle doit encore vivre dans la rue, j'utilise un pseudonyme), une SDF noire d'un certain âge juchée sur un VTT trois fois trop grand pour elle, qui se faufile entre les voitures ou les piétons sur les trottoirs. Elle porte le plus souvent un sac à dos et une casquette de baseball et passe son temps à crier aux passants de s'écarter de son chemin d'une voix stridente qui porte à plus d'une centaine de mètres à la ronde.

Ma rencontre avec Rhea remontait à ma dernière année à Georgetown. J'étais sorti un soir boire un verre avec des amis, mais j'avais fini par en avoir marre et j'avais lâché la bande au milieu de la nuit pour aller à Franklin Square. C'était en pleine épidémie du crack, au début des années 90, et avec la témérité inconsidérée du jeune drogué je voulais voir de quoi il retournait au juste.

Un cracker s'est subitement matérialisé devant moi. Il m'a demandé ce que je cherchais. Je lui ai dit que je voulais du « caillou », comme on appelle le crack. Pas de problème, m'a dit le type, je n'avais qu'à lui filer 100 dollars, il revenait tout de suite. Je l'ai envoyé balader, je n'étais pas un petit bourge naïf, du moins c'était l'impression que je voulais donner. Le type m'a dit qu'il me laissait une de ses chaussures pour me garantir qu'il reviendrait. À deux heures du matin, ça m'a semblé logique : qui irait se barrer avec une seule chaussure ? Il m'a assuré qu'il n'en avait que pour une minute. Je suis resté planté là dans le noir, au milieu d'un parc où personne n'a envie de traîner en plein jour et encore moins en pleine nuit, et j'ai attendu, sa vieille chaussure éculée à la main.

Dix minutes plus tard, le cracker n'était toujours pas revenu quand une femme noire toute petite qui avait quelques années de plus que moi mais semblait deux fois plus âgée est arrivée à vélo avec une chaussure identique à celle que je tenais. « Espèce de con, m'a-t-elle lancé d'un ton exaspéré. Tu t'es fait arnaquer comme un bleu. Espèce de...

– Putain, mais t'es qui toi ? » je lui ai rétorqué en continuant à jouer les mecs à qui on ne la fait pas. Bicycles m'a alors expliqué avec une sorte de patience désabusée que les dealers se servaient souvent de vieilles chaussures trouvées dans la rue et qu'ils cachaient ensuite dans le parc pour plumer les pigeons comme moi. Et pour le prouver, elle a sorti une chaussure que le cracker avait planquée. Je suis resté planté là comme le petit bourge crédule que j'étais. Puis Bicycles m'a vendu le peu de crack qu'elle avait sur elle et m'a dit de me barrer, non sans m'avertir : « Tu vas te faire du mal, petit. »

Vingt ans s'étaient écoulés.

Après être parti du centre en claquant la porte, j'ai repéré Bicycles qui passait en VTT, je lui ai fait signe de venir et lui ai demandé si elle pouvait me trouver du caillou. Depuis l'époque où j'étais à Georgetown, quand je la voyais dans la rue, je lui donnais souvent quelques pièces ou des billets et nous avions noué de vagues liens. Washington a parfois un côté village. Quand je m'étais installé dans mon appartement, elle passait régulièrement sous ma fenêtre, au premier étage, et m'appelait pour savoir si j'avais besoin de quelque chose. Elle prenait l'argent que je lui lançais, allait m'acheter des cigarettes ou ce qu'il me fallait dans un 7-Eleven du quartier et gardait la monnaie.

Quand je lui ai demandé du caillou, sa réponse a été laconique et ferme : « C'est pas une bonne idée. »

Bicycles consommait du crack depuis des dizaines d'années, ce n'était pas une dealeuse : elle vendait juste de quoi s'en acheter pour elle. Mais j'ai insisté et n'ai pas eu de mal à la convaincre. Elle avait autant besoin de mon argent que moi de sa capacité à me procurer de la drogue ; elle a pris mes 100 dollars pour acheter dix pochons, m'en a donné huit et en a gardé deux pour elle.

Nous étions en symbiose : nous échangions de l'argent et de la drogue tout en regrettant sincèrement d'en être mutuellement réduits à ça. Deux crackers aussi pitoyables l'un que l'autre. Un vrai sketch. Après ce moment rituel de sollicitude, Rhea m'arrachait chaque fois les 100 dollars de la main, repartait à vélo et revenait quelques minutes plus tard avec ce que je voulais.

Je ne me rappelle pas la suite exacte des événements. Ce dont je me souviens, c'est que, comme à l'époque, j'ai glissé le petit caillou de crack dans le filtre d'une cigarette et que les premières taffes m'ont fait à peine plus d'effet qu'au tout début, quand j'étais étudiant. Comme pour beaucoup de choses, fumer du crack exige de la pratique et de bons outils. Je suis retourné au même endroit le lendemain et cette fois Rhea est arrivée avec tout l'attirail : du crack, un doseur et un filtre. Elle m'a également donné quelques conseils pour s'assurer que je le prenne correctement.

J'ai repéré une chaise à moitié cachée derrière un pilier,

devant un café fermé. Je me suis installé, j'ai porté le doseur à ma bouche et j'ai inhalé. En un instant, j'ai ressenti ce qu'on appelle un « flash » – le graal des crackers. C'est une sensation de bien-être absolu, presque irréel. Vous êtes à la fois plein d'énergie, concentré et calme. Le sang afflue aux extrémités ; la peau est parcourue de fourmillements. Les yeux s'agitent tout en restant vigilants. Les tympans se compriment au point que les sons résonnent avec une telle intensité – comme un coup de fusil – qu'on a l'impression d'avoir des hallucinations auditives. En réalité, c'est simplement que votre ouïe est devenue hypersensible – vous êtes un chien d'arrêt. Vous entendez le moindre bruit à cent mètres à la ronde.

Cette euphorie, je l'ai recherchée par intermittence durant les trois années suivantes.

Si ce que vous recherchez, lors de la première prise, c'est de vous anesthésier pour ne plus éprouver la douleur ou la honte que vous ressentez, alors le crack est votre nouvel ami.

Après ce premier flash, j'en ai fumé tous les jours pendant deux semaines. C'était bel et bien devenu mon nouvel ami ; l'alcool, lui, était désormais comme un vieux copain de classe que je voyais encore de temps à autre mais de moins en moins. En l'espace de deux semaines, j'ai dépensé plus de 2 000 dollars en crack, que je me procurais par l'intermédiaire de Rhea. Je me suis retrouvé accro en un rien de temps. Dans le vaste monde effrayant de l'alcoolisme et de la toxicomanie fonctionnels tels qu'ils se pratiquent dans la bonne société, j'avais franchi ce qui était pour beaucoup une limite inconcevable. Je le savais pertinemment. Je portais le doseur à ma bouche, j'allumais le briquet du pouce et au moment d'inhaler je me disais : « Et puis merde ! »

Mais mon nouvel ami est devenu de plus en plus exigeant. L'algorithme le plus autodestructeur de l'addiction est le suivant : si l'on s'insensibilise aux sentiments aigus de vide, de traumatisme ou de haine de soi, ces sentiments ne font que redoubler à chaque descente. L'antidote est simple : en reprendre. Mais plus on en prend, moins la drogue est efficace – autrement dit, moins on en a pour son argent et l'estime de soi-même. Là encore, il y a un antidote : en reprendre beaucoup plus. Le seul pouvoir qui nous reste est celui de ne rien ressentir, ne serait-ce que l'espace de quelques secondes de plus en plus fugaces.

Aussi fou que cela paraisse, les alcooliques et les toxicomanes se croient souvent plus intelligents que ceux qui ne souffrent pas d'addictions. Je n'étais pas un ivrogne débraillé ou violent ; je n'étais pas un cracker déboussolé ou dangereux. Que ce soit génétique ou physiologique, j'ai la capacité et la ténacité nécessaires pour me livrer à des excès et une réticence à décrocher tout aussi déterminée. Cela facilite l'addiction plus qu'autre chose. J'avais trouvé le moyen de ne pas culpabiliser tout en poursuivant mes activités professionnelles. Je ne comprenais pas que les gens qui n'étaient pas toxicos ne voient pas à quel point le crack était fabuleux : c'est vrai, quoi, s'ils savaient le bien fou que ça me faisait, ils ne me regarderaient pas comme si j'avais trois têtes !

Évidemment, tout cela est délirant et autodestructeur – mais pas sur le moment. Sur le moment, on peut prendre du crack vingt-quatre heures sur vingt-quatre sept jours sur sept et continuer à aller à ses réunions (parfois), à rappeler les gens (parfois), à payer ses factures (parfois). Et quand on ne peut plus ? Il y a toujours le crack pour éviter de culpabiliser. À aucun moment on ne se dit : « Lâche le crack. »

Le crack n'est qu'une réponse. Ce n'est pas la seule réponse, mais la plus évidente à la question que les non-toxicomanes posent constamment aux toxicomanes. Eux : « Pourquoi vous vous droguez ? » Nous : « Parce que ça nous fait du bien. »

C'est ce qui m'attendait.

Rhea a fini par s'installer dans mon appartement et y a passé cinq mois.

Un soir, il pleuvait des cordes quand elle s'est arrêtée sous ma fenêtre pour me demander si j'avais besoin de quelque chose. Elle était trempée et j'ai insisté pour qu'elle monte. Elle a porté son VTT jusqu'au premier, puis elle a vu un matelas dans la seconde chambre et s'est endormie dessus comme une masse. Le lendemain matin, je suis allé travailler en lui laissant une clé. Quand je suis rentré, elle était toujours là et il ne manquait rien. Trois jours plus tard, elle n'avait pas bougé. Cinq jours après, je lui ai fait faire un double des clés. Elle n'a jamais officiellement emménagé chez moi – je ne lui ai jamais dit : « Installe-toi dans la chambre d'amis » – mais elle n'est partie que le jour où j'ai déménagé.

Je suis conscient que ça paraît fou, mais je savais que Rhea était intelligente et qu'elle avait été assez longtemps à la rue pour mesurer sa chance. Je n'ai jamais connu d'escroc aussi honnête. Elle m'appelait au bureau et commençait par me dire : « J'ai trouvé certaines de tes cartes de crédit… » ou : « Je n'ai pas volé ta carte de retrait, je l'ai prise. La différence entre voler et prendre, c'est que je te préviens que je m'en suis servie. Je ne te mentirai jamais.

– Rhea, je soupirais, laisse tomber. »

Rhea est aussi la personne la plus drôle que je connaisse, et la plus excentrique. Elle souffre de TOC dus à ses années d'addiction. Elle porte des vêtements propres et sent toujours bon – ou à peu près. Elle se douche deux fois par jour quand elle le peut, se brosse les dents et se nettoie obsessivement les ongles. Elle a dormi pendant des jours et même des semaines dans le métro en se servant d'un petit box pour stocker ses vêtements qu'elle entretenait méticuleusement.

Chez moi, elle ne regardait que les émissions de faits divers, alimentant ainsi une paranoïa qui s'aggravait quand elle avait trop fumé ou n'avait pas dormi depuis longtemps. Une de ces émissions racontait en détail l'histoire d'un malade mental qui pénétrait par effraction dans les maisons, vivait caché derrière les murs puis tuait tout le monde. On avait fini par l'arrêter mais il s'était évadé de prison. J'étais à Los Angeles quand Rhea l'a regardée et elle m'a appelé, paniquée. Lorsque je suis rentré, elle avait mis du scotch sur le judas comme si les gens pouvaient regarder à l'intérieur de l'appartement. Elle était certaine que le fou qui vivait derrière les murs était encore en cavale et risquait de débarquer d'une minute à l'autre.

Rhea me racontait d'innombrables histoires sur son enfance. Elle avait été élevée par sa grand-mère, dans le sud-est de Washington, près du RFK Stadium, et elle était donc fan de l'équipe de football locale. Aucun des deux parents n'était là et il n'y avait que peu de surveillance. Elle était coquine : elle se faufilait dans le commissariat, traînait dans le hall puis se glissait sous un banc pour y passer la nuit ; d'autres fois, elle dormait à l'arrière des voitures de police garées, dissimulée sur le plancher, et accompagnait les policiers à leur insu quand ils partaient en patrouille. Elle avait réussi à assister à un concert de Prince en s'introduisant en douce dans la salle deux jours avant et en dormant sous les gradins. Quand elle avait seize ans, elle avait décidé de se rendre à Tampa pour voir

Washington jouer au Super Bowl. Elle était montée en resquillant dans un train pour la Floride et avait réussi à aller jusqu'à Norfolk. Un contrôleur l'avait repérée alors qu'elle se dirigeait vers le wagon-restaurant. Lorsqu'il lui avait demandé son billet, Rhea avait répondu que c'étaient ses parents qui l'avaient. « Écoute, petite, lui avait dit le contrôleur avant de la remettre aux autorités à la station suivante, toi et moi, on est les seuls Noirs du train. Alors je ne vois pas qui sont tes parents. »

Une fois adulte, Rhea avait vécu deux ans dans des chambres de motel sans jamais payer. Elle se faufilait à l'intérieur au moment où les femmes de chambre finissaient le ménage, puis se glissait sous le lit avant l'arrivée des clients et passait la nuit là. C'était en pleine épidémie du crack et Rhea s'était laissé entraîner. La violence était incontrôlable et les femmes qui vivaient dans la rue étaient particulièrement vulnérables aux agressions sexuelles, de jour comme de nuit. Elle disait qu'elle avait sept enfants, dont un se trouvait dans le couloir de la mort et un autre était emprisonné à perpétuité. Elle ne savait pas où étaient les autres. Je l'ai entendue une ou deux fois parler au téléphone avec une sœur qui vivait dans le coin, mais apparemment leur relation s'arrêtait là.

Quand Rhea ne savait pas où aller, elle connaissait des immeubles où elle pouvait s'introduire discrètement pour dormir dans la cage d'escalier. Il y avait un appartement dans un ensemble de logements sociaux qu'elle occupait parfois, aussi longtemps que possible, à tour de rôle avec deux ou trois autres personnes. Elle devait se présenter aux vigiles postés à l'entrée qui notaient les visites, et se disputait constamment avec eux car ils l'accusaient d'avoir dépassé le nombre de fois où elle pouvait venir.

Rhea fuyait la police comme la peste. Elle n'avait pas été arrêtée depuis longtemps mais elle m'a dit qu'elle avait des antécédents – des infractions mineures, comme s'introduire chez des gens qu'elle connaissait – et elle était si connue dans les rues de la ville qu'elle avait une peur bleue d'être envoyée en prison un bon moment pour une broutille quelconque. Je ne l'ai pourtant jamais vue ne serait-ce que voler à l'étalage.

Rhea avait survécu des dizaines d'années dans des rues où des gens meurent tous les jours. Elle n'était pas toujours facile, comme vous pouvez l'imaginer. Elle démarrait au quart de tour et se mettait dans des colères noires, mais elle était aussi capable de jouer la malade mentale que les autres sans-abri n'avaient pas intérêt à embêter. C'était une façon d'empêcher les prédateurs de s'en prendre à un petit bout de femme qui désormais n'était plus toute jeune. Parmi les nombreuses maladies liées à sa longue consommation de crack, elle souffrait de neuropathie périphérique. Elle m'a expliqué que cette affection douloureuse avait été provoquée par une réaction allergique à un mélange de cocaïne et de lidocaïne, un anesthésique local. Il lui arrivait de ne plus rien sentir aux extrémités : les doigts, les orteils, le nez, le bout des oreilles. Quand il faisait froid ou qu'elle avait trop fumé, son nez et ses oreilles enflaient comme des ballons.

À présent donc, Rhea vivait chez moi. J'étais très souvent absent, parti en famille ou en voyage d'affaires ou ailleurs. Mais quand j'étais là, le duo que nous formions ressemblait à une version défoncée au crack de celui de *Drôle de couple*, avec elle dans le rôle de Jack Lemmon en maniaque de la propreté et moi dans celui de Walter Matthau, plus enclin au laisser-aller.

Elle avait réquisitionné la télévision qu'elle regardait en

mettant le son à fond. Ça me rendait fou. Je mettais des écouteurs ou j'arpentais le salon en lui criant de baisser. Mais la seule fois où je me suis vraiment mis en colère, c'est quand elle a pris une ceinture que j'adorais et l'a coupée en deux pour l'adapter à sa taille – Rhea devait à peine peser quarante kilos toute mouillée. Il est probable que je l'énervais encore plus. Elle se fâchait quand je laissais des vêtements sales sur la table basse ou renversais de la vodka sur un tapis. Quand je n'étais pas en déplacement, elle s'absentait plus souvent que moi. Après tant d'années dans la rue, elle ne tenait pas en place et devenait claustrophobe quand elle se retrouvait confinée trop longtemps dans l'appartement.

La rue avait laissé des traces, évidemment. Elle se mettait à boiter à cause d'une infection à la cheville ou avait des poussées d'arthrite dans les hanches. Parfois, elle était presque paralysée, le seul fait de se lever lui faisait horriblement mal. Quand la douleur devenait insupportable, je l'emmenais aux urgences. Sinon j'allais à la pharmacie lui chercher les médicaments qui lui avaient été prescrits, souvent des antibiotiques pour traiter les infections auxquelles elle était sujette. Elle faisait peine à voir.

La plupart du temps, on se contentait de se planter dans le canapé et de fumer des tonnes de crack. Des heures durant, jour après jour, on se livrait inlassablement au même rituel abrutissant : doseur, Chore Boy, crack, briquet ; doseur, Chore Boy, crack, briquet… Tout un univers d'objets banals jusque-là invisibles formait à présent l'attirail indispensable de notre rite sacramentel.

La pipe, appelée « doseur », que l'on utilisait le plus souvent était un tube en verre avec une rose en papier à l'intérieur qui était fabriquée en Chine. Vendue comme un bibelot décoratif, elle est en réalité utilisée pour fumer du crack. De la taille d'une cigarette 100 mm, elle peut être transportée discrètement dans un paquet. Le Chore Boy est un tampon à récurer en cuivre. Présenté dans des boîtes orange ornées d'un petit personnage de bande dessinée en salopette bleue et casquette rouge portée à l'envers, il est destiné à nettoyer les casseroles. Les toxicos, qui l'appellent le « choy », s'en servent de grille pour déposer le crack dans leur pipe. Rhea faisait toujours brûler le choy d'abord pour éliminer d'éventuels produits chimiques. Dans les épiceries de Washington fréquentées par les toxicos, quand on demande un « one-and-one », le vendeur vous tend obligeamment un doseur et un choy.

Après l'Archmere Academy, Georgetown, Yale, me voilà en extase devant ce nouveau savoir : doseur, choy, one-and-one.

Fumer avec Rhea, c'était suivre une masterclass de crackologie. Elle avait un million de règles. Toujours savoir où est sa came. Refaire systématiquement chauffer son crack si on se l'est procuré auprès d'un vendeur qu'on ne connaît pas pour éliminer les cochonneries que certains dealers mettent dedans. Ne jamais mettre son doseur dans une poche de pantalon, car il risque de se casser ou de tomber quand on commande son poulet frit chez Popeyes. Elle m'enseignait aussi les différents stades de mon addiction au crack, allant jusqu'à les numéroter et les résumer comme un chargé de cours à l'université. Par exemple, « n° 37 : perd les clés de l'appartement chaque fois qu'il sort », « n° 67 : ne lève jamais les yeux du sol plus de trente secondes parce qu'il passe son temps à chercher des miettes de crack par terre ».

À un moment, elle m'a annoncé que j'avais décroché mon doctorat en crackologie. C'était durant la phase où il me fallait une éternité pour faire ma valise quand je partais en voyage. Si j'avais un vol à prendre deux heures plus tard, deux jours après j'étais encore là, avec la valise ouverte et les vêtements qui jonchaient le sol. Rhea arrivait et secouait la tête. « Putain, mais tu déconnes ou quoi ? » disait-elle et elle attrapait mes vêtements, les fourrait dans la valise et me poussait dehors.

Rhea m'a sauvé tout en me roulant. Elle m'interdisait de me fournir auprès de quelqu'un d'autre, m'évitant de devoir m'approvisionner moi-même dans les rues les plus malfamées de Washington. Elle m'apprenait à consommer en prenant le moins de risques possible, choisissait soigneusement auprès de qui et où elle se fournissait, distinguait les produits de qualité de la daube. Elle achetait toujours en quantité raisonnable, ce qui en théorie du moins m'empêchait de plonger dans une défonce non-stop – autrement dit, dans la folie relative de cet univers, de ne pas consommer en continu plus de deux ou trois jours d'affilée. (Plus tard, lors de mes odyssées en Californie et dans le Connecticut, les défonces de deux ou trois jours me sembleraient gentillettes.)

J'aimais Rhea comme une amie. C'est la seule personne de cette période de ma vie dont je garde encore de bons souvenirs. Durant mes années d'addiction, j'ai appris ceci : les alcooliques et les toxicomanes méchants sont des gens méchants, les alcooliques et les toxicomanes violents sont des gens violents et les alcooliques et les toxicomanes stupides sont des gens stupides dès le départ. Rhea n'était rien de tout cela. Nous avons tous fait des choses embarrassantes, honteuses, voire scandaleuses en étant défoncés. Pourtant, il y a une limite que les gens bien ne franchissent en aucun cas, aussi désespérés soient-ils : faire du mal à quelqu'un. Rhea ne ferait jamais de mal à une mouche.

Aucune de mes relations ne me fait plus de peine que Rhea. Hyper-intelligente, d'une drôlerie digne d'une humoriste, pleine de ressources, abîmée par la vie, elle pédale dans un brouillard de survie et de toxicomanie depuis si longtemps qu'elle a peur de lâcher le crack. Elle n'a plus de lien avec sa famille, n'a personne dans sa vie quotidienne qui l'aime d'un amour sincère et inconditionnel. Elle n'a aucun souvenir de la beauté qui l'attend de l'autre côté. Ce serait un miracle si elle pouvait décrocher un jour. Mais le seul fait que je sois là à écrire sur elle est en soi un miracle. Un jour, j'espère être assez fort pour retourner la voir dans l'abîme où elle se trouve et faire de mon mieux pour l'amener à vouloir être sauvée. Je ne veux pas qu'elle croie que ça ne s'arrangera que le jour où elle mourra.

Jusque-là, la leçon pour elle est dure, impitoyable et sacrée : on est juste des êtres humains et on fait tous ce qu'on peut.

8

Dans le désert

En octobre 2016, je me suis lancé sous l'emprise du crack dans une odyssée à travers le pays.

Ce n'était pas du tout ce que j'avais prévu. Ce que je voulais, c'était guérir. Deux mois auparavant, je m'en tenais encore à consommer du crack une fois tous les trois jours. J'étais persuadé de pouvoir décrocher seul quand je le voudrais avant que cela ne dégénère en addiction à plein temps. Je faisais les allers-retours entre Washington et le Delaware pour voir Hallie et ses enfants, avec qui les relations n'étaient alors qu'une oasis de deuil partagé, et je m'efforçais de dissimuler le fait que je me droguais.

Mais j'étais aussi constamment en déplacement professionnel, pour trouver de nouveaux clients et faire en sorte de conserver mes clients actuels. Avec le stress, j'en suis rapidement arrivé à prendre du crack tous les deux jours, puis tous les jours, puis toutes les heures chaque jour. J'étais encore relativement novice dans cette consommation non-stop – encore peu habitué à rester opérationnel à ce niveau d'addiction, à devoir m'excuser toutes les vingt ou trente minutes au milieu d'une réunion pour aller fumer dans les toilettes –, mais je savais qu'il fallait que je fasse quelque chose avant que cela devienne incontrôlable. Du moins, c'est ce que je me disais.

Je balayais l'idée même que je puisse être dans une grande détresse, qu'il y ait le moindre problème au-delà de mon alcoolisme, qui était de plus en plus flagrant à mesure que l'effondrement de mon couple et la séparation d'avec mes filles m'emplissaient de colère. J'évitais les proches et les amis qui étaient le plus susceptibles de le déceler. Y compris mon père. Je ne voulais pas que ma famille me mette au pied du mur et insiste pour que je retourne dans un des centres de désintoxication où j'étais déjà allé. Je savais que cela ne servirait à rien pour le moment. Je pénétrais dans un nouveau royaume et m'enfonçais dans les ténèbres.

À la suite d'une rechute et de mon renvoi de la réserve de l'US Navy (après une période d'une brièveté embarrassante) pour avoir été contrôlé positif à un test de dépistage, j'avais suivi une cure de désintoxication en 2014 dans un centre de Tijuana, où j'avais été traité avec une substance psychoactive dérivée de plantes appelée ibogaïne – légale au Mexique et au Canada, mais pas aux États-Unis. Là, une femme qui connaissait bien les thérapies alternatives m'avait parlé d'un ranch dédié au bien-être à Sedona, en Arizona. Grace Grove Retreat était dirigé par un couple fervent adepte du New Age – la directrice se faisait appeler Puma St Angel, un nom qui, m'a-t-elle dit, lui avait été donné par un chamane. C'était un endroit qui me semblait suffisamment différent, alternatif et potentiellement efficace pour m'aider à guérir. C'était plus un centre de détox holistique destiné aux cadres surmenés qu'un centre de désintoxication. On y proposait des purges du foie et de la vésicule biliaire, des séances de méditation et de yoga, ainsi que des randonnées dans le désert spectaculaire de roche rouge qui entourait le centre. J'y voyais un lieu où je pourrais me remettre sur pied et me sevrer.

J'y ai donné rendez-vous à un ami, Joseph Magee, que j'avais rencontré durant mon premier séjour à Crossroads en 2003. Nous étions restés proches. Originaire de l'est du Texas, où à la fin des années 90 il avait contribué à monter à l'université une représentation controversée d'*Angels in America*, Joey réussissait à présent dans les affaires à New York où il vivait avec son mari qui possédait une marque de mode. C'était un ancien toxicomane qui m'avait souvent épaulé, moi et tant d'autres, dans des moments difficiles. Il était un peu accro aux cures – il avait fréquenté une quarantaine de centres, sans exagération, et y avait chaque fois laissé d'excellents souvenirs – et il était prêt à tout moment à venir en aide à un ami. Une fois de plus, il a répondu présent. Je l'ai juste appelé en lui disant : « Salut, Joey, je vais dans un centre de bien-être carrément dément à Sedona. Tu veux venir ?

– Je te retrouve là-bas », m'a-t-il immédiatement répondu.

Je tenais à ce qu'il m'accompagne parce que je savais que je ne voudrais pas le décevoir. Si je me contentais de m'en remettre à deux inconnus pour me guérir, il était probable que je me déroberais vite fait, en recourant à l'échappatoire que j'utilisais systématiquement dans ces cas-là : « Et puis merde. » Joey m'empêcherait d'envoyer tout balader.

J'étais devenu résistant à la cure traditionnelle en douze étapes, ou peut-être trop accoutumé, ou trop habile à tricher pour que cette méthode à elle seule puisse être efficace. Elle avait fonctionné pour moi durant de longues périodes par le passé, et à bien des égards elle est inestimable – j'utilise encore un certain nombre de ses principes pour rester sobre et clean. Mais l'addiction est une chose si complexe, si individuelle et dépend de tant de facteurs que celui ou celle qui veut en guérir a parfois l'impression d'être un rat dans un labyrinthe, cherchant constamment des solutions tout en se heurtant à des obstacles qui l'empêchent de décrocher. Un labyrinthe dans lequel beaucoup d'alcooliques et de toxicomanes se retrouvent piégés. Le pourcentage de rechutes des patients de centres de désintoxication oscille entre 60 % et 80 %, ce qui représente un taux d'échec alarmant pour un secteur pesant 40 millions de dollars, auquel les consommateurs et leur famille consacrent tant de temps, d'argent et d'investissement émotionnel.

En réalité, à quarante-six ans, j'avais appris tout ce qu'il y avait à apprendre. Et maintenant j'apprenais à ne pas tenir compte de ce que j'avais appris. J'avais des choses plus importantes à assimiler : les méthodes les plus efficaces pour me procurer et fumer du crack ; la meilleure façon de dissimuler le fait que j'en prenais. La seule chose qui m'intéressait, ce n'était pas mon incapacité à essayer de décrocher, mais mon aptitude à acheter et consommer sans me faire prendre, blesser ou tuer dans une quelconque embrouille lors d'un deal. Aller dans un parc d'un quartier infesté par la criminalité pour acheter du crack à quatre heures du matin revenait à jouer à la roulette russe avec deux balles dans le revolver – et même cinq dans certains endroits. Pourtant j'étais prêt à faire tourner le barillet.

Voilà pourquoi j'avais besoin de Puma St Angel.

Je suis arrivé à Dulles International Airport à sept heures du matin, trois heures avant le départ – c'était le temps qu'il me fallait à présent pour accomplir la moindre tâche. Cependant, avant de descendre de voiture dans le parking de l'aéroport, j'ai tiré une taffe pour tenir le coup. Deux heures plus tard, j'étais toujours là à fumer. Je me suis dit qu'après tout je n'avais pas d'horaire strict à respecter, je prendrais le vol suivant. Le temps passant, j'ai décidé de prendre encore le suivant. Puis celui d'après.

Avec un stock de crack qui me semblait suffire pour deux jours, j'ai fini par rater le dernier vol. C'est alors que j'ai eu un de ces traits de génie dont les crackers ont le secret : j'avais toujours voulu traverser le pays en voiture, c'était l'occasion ou jamais. J'ai quitté le parking de l'aéroport vers dix heures du soir, mis le cap sur l'ouest, direction l'Arizona, à plus de trois mille cinq cents kilomètres de là.

C'était le premier jour.

J'ai roulé toute la nuit et me suis arrêté à Nashville quelques heures après le lever du soleil. J'ai pris une chambre d'hôtel et passé le reste de la journée à fumer. À la tombée du jour, je me suis aperçu que je n'avais presque plus de produit. J'ai cherché des miettes sur les sièges et les tapis de la voiture, puis je suis parti vers minuit pour aller me réapprovisionner.

Je possédais désormais un nouveau superpouvoir : la capacité de trouver du crack dans n'importe quelle ville, à n'importe quel moment, même en terrain inconnu. C'était facile – risqué, souvent exaspérant, toujours stupide et extraordinairement dangereux – mais relativement simple si on se fiche royalement de son bien-être et qu'on est suffisamment désespéré pour avoir une soif d'avilissement quasi illimitée.

Le crack vous entraîne à la fois dans les bas-fonds les plus obscurs de votre âme et ceux de toute communauté. Contrairement à l'alcool, vous devenez dépendant non seulement d'une sous-culture criminelle pour obtenir ce qu'il vous faut, mais de l'échelon inférieur de cette sous-culture – celui qui détient la probabilité la plus élevée de violence et de dépravation.

Le courage qu'il faut avoir pour évoluer dans cet environnement est totalement dément. Comme on me prenait presque systématiquement pour un flic – blanc, voiture qui en jette, attitude bravache –, je commençais par sortir mon doseur et fumais ce que j'avais devant eux, même s'il ne restait que du résidu sur le filtre, histoire de leur montrer que j'étais un client sérieux.

Et puis il y avait les arnaques. Comme pour le démarchage au téléphone, c'était une question de chance. Soit je donnais 100 dollars à quelqu'un pour qu'il aille m'en chercher dans un immeuble et je me retrouvais à l'attendre devant alors que lui s'était déjà éclipsé par-derrière avec l'argent, soit je dénichais quelqu'un d'assez malin pour comprendre que je pouvais leur permettre de s'approvisionner en crack tant que je serais en ville. Ces arnaques étaient devenues les risques du métier, des sortes de microtraumatismes répétés : j'avais beau m'être fait avoir à plusieurs reprises par le même type, je revenais lui donner de l'argent une fois de plus, avec une envie si désespérée de tirer une taffe que j'en sentais littéralement le goût.

Le plus problématique était de débarquer avant l'aube dans un endroit où il était peu recommandé de se balader à cette heure-là avec plein d'argent dans les poches et sans être armé. Il y avait des petits trucs pour se protéger. Ne jamais s'approcher de quelqu'un en premier : il faut éviter d'avoir l'air désespéré – comme si le fait de débarquer où que ce soit à quatre heures du matin ne suffisait pas déjà – car en tout vendeur de crack sommeille un arnaqueur et, si on est visiblement aux abois, il est capable de nous fourguer un vrai caillou ramassé dans une allée. J'essayais si possible d'acheter à un usager plutôt qu'à quelqu'un qui était manifestement un dealer. Les accros au crack revenaient généralement avec un produit de qualité si je leur donnais également de l'argent pour s'en procurer eux-mêmes et leur en promettais davantage. Ils y trouvaient un intérêt. Ils étaient fiables jusqu'à ce qu'ils aient obtenu ce qu'ils voulaient, puis, invariablement, ils m'arnaquaient aussi. Nous autres crackers n'avons aucune morale.

À Nashville, j'étais un véritable limier en chasse. Comme dans tous les autres endroits où j'avais acheté du crack, je savais que je pouvais repérer en un clin d'œil l'autoroute à emprunter, la sortie à prendre, la station-service où faire le plein et l'individu douteux en qui j'allais placer toute ma confiance. Je l'avais fait partout où j'étais allé au cours des derniers mois – j'étais capable de me procurer du caillou en descendant de l'avion à Tombouctou.

J'ai procédé comme d'habitude. Je me suis dirigé vers un secteur commercial du quartier le plus malfamé de la ville et j'ai cherché une station-service qui serve de point de rencontre à un minimum de toxicomanes sans abri. Je me suis garé, j'ai mis le pistolet de la pompe dans le réservoir, j'ai verrouillé la voiture et je suis allé dans la boutique m'acheter des cigarettes ou du Gatorade. Généralement à ce moment-là, quelqu'un ne tardait pas à venir quémander quelques pièces. Je lui tendais ce que j'avais dans la poche, puis je lui demandais : « Vous savez où je peux trouver du caillou ? » L'idée, c'était de trouver quelqu'un qui était sans abri parce qu'il avait besoin d'acheter de la drogue et non parce qu'il souffrait de troubles mentaux, ce qui était souvent le cas, malheureusement, et il n'était pas toujours facile de faire la différence.

En moins d'une heure, j'avais déniché mon homme. Plus ou

moins de mon âge, un peu plus jeune peut-être, il avait visiblement eu une vie très difficile, ou était depuis peu dans une très mauvaise passe. Il était maigre, il avait les ongles sales mais des baskets propres, et portait une veste sombre qui paraissait convenable de loin mais était déchirée aux manches et n'avait pas été nettoyée depuis longtemps. Il était fauché, peut-être pas à la rue, mais sans doute sur le point de l'être. Pourtant, ses yeux brûlaient de cette intensité dévorante que les accros au crack manifestent dans toutes les rencontres – et que je manifestais également dans des rencontres comme celle-là, malgré ma Porsche, mon diplôme d'avocat et mon enfance passée dans un sauna du Sénat à écouter les hommes les plus puissants du pays lancer un jovial « Salut, les garçons ! ».

L'intensité des toxicomanes peut être perturbante. Elle a quelque chose de prédateur qui donne l'impression d'être soi-même une proie. Le crack en soi n'entraîne pas de comportement violent, mais l'envie irrépressible de consommer toujours plus, certainement. Contrairement à un héroïnomane, qui profite un moment du plaisir de la défonce, le cracker a à peine fini son caillou qu'il ne pense qu'à une chose : comment recommencer dans la demi-heure qui suit.

Le type de la station-service de Nashville me jaugeait lui aussi. « J'ai des Chore Boy. Vous voyez ce que je veux dire ? » m'a-t-il demandé, l'air de me tester. Je lui ai répondu que oui et j'ai fait semblant d'être agacé par la question. On est montés dans ma voiture, je lui ai demandé où on allait. « Je vous dirai, m'a-t-il répondu avec désinvolture d'une voix éraillée. Allez-y. » À partir de là, notre conversation s'est réduite à une série d'instructions robotiques lancées d'un ton monocorde : « À droite… Là, à gauche.

– C'est quoi l'adresse ?

– Je ne connais pas l'adresse. Je sais juste où c'est. » Il m'a dit de ne pas fumer dans la voiture. De mettre ma ceinture. « Il y a des flics partout ici. Ils vous arrêteraient. » Il a remarqué mon doseur dans le vide-poches. « Il en reste dedans ? Je fumerai le résidu.

– Vous venez de me dire de ne pas fumer dans la voiture.

– Je sais ce que je fais. »

Il faisait nuit et à part nous il n'y avait quasiment personne dans les rues. Je ne savais ni où j'étais ni où j'allais. Le GPS n'était d'aucune utilité. Je n'arrêtais pas de tourner. Il m'a finalement dit de me garer au pied d'un immeuble d'un étage délabré. Généralement, dans ce genre de scénario, je me garais, je donnais 100 dollars au type pour qu'il m'achète du crack en lui disant que, s'il revenait, je lui en donnerais 100 de plus pour s'en acheter, puis j'attendais – le tout à deux heures du matin dans le secteur le plus dangereux de la ville. Sept fois sur dix, le type ne revenait pas. Pourtant, je continuais à attendre. Les dix minutes se transformaient en une heure, puis une heure et demie. J'effectuais toute une gymnastique mentale pour justifier le fait de ne pas partir – je me souvenais d'un vendeur qui était revenu au bout de deux heures.

Le plus souvent cependant, c'est une arnaque. On se sent ridicule, pitoyable, puis en désespoir de cause on remet ça, rôdant du côté des mêmes stations-service, des mêmes magasins d'alcool, des mêmes boîtes de nuit jusqu'à ce qu'enfin – à quatre, sept ou dix heures du matin – on trouve un type qui fait le nécessaire pour nous rapporter de quoi tenir quatre heures, et ainsi de suite. Cette fois, avant de filer mes 100 dollars au type, je lui ai dit de me laisser son Obama Phone – le portable gratuit que le gouvernement fédéral avait commencé à distribuer aux Américains en difficulté financière pendant la crise de 2008 grâce à la loi dite Lifeline Act. Les Obama Phones sont critiqués par les conservateurs qui y voient une nouvelle mesure progressiste de redistribution des richesses, mais en réalité c'est une loi décidée à l'origine en 1985 par le Président Reagan pour donner aux ménages accès gratuitement aux télécommunications et aux services d'urgence depuis leur téléphone fixe. Obama n'a fait qu'adapter la loi à l'ère du sans-fil – à la grande joie des crackers et des dealers de tous les États-Unis.

Le type ne voulait pas me le laisser. « Faut faire confiance aux gens », m'a-t-il dit avec le plus grand sérieux. Je l'ai remercié de cette leçon de vie et lui ai répété de me laisser son portable ou on annulait tout. Il me l'a passé puis il est parti tranquillement et il est revenu peu après avec l'équivalent de 100 dollars de ce qu'il m'a assuré être du crack. Mais on n'est jamais sûr. Souvent, c'est du bicarbonate de soude ou des comprimés écrasés qui ont été transformés en cailloux. Dès qu'on en allume un, on est défoncé avant même d'entendre les craquements, qu'il soit ou non de bonne qualité. Le plaisir anticipé est hallucinant ; selon des études, que j'ai pu confirmer par mon expérience, le flash le plus puissant survient dans les nanosecondes avant que les lèvres ne touchent la pipe. Ce n'est qu'une minute après environ qu'on peut déterminer si c'est du vrai, sauf qu'à ce moment-là nos neurones sont souvent déconnectés et pour un moment.

Là en revanche, ce que le type m'avait rapporté était de super bonne qualité. J'ai pris son numéro de portable et ce deal d'un soir à Nashville s'est transformé en une défonce de quatre jours non-stop. Je l'appelais trois ou quatre fois par jour. Pour moi, ce gars était un cadeau du ciel et j'étais la meilleure chose qui lui soit jamais arrivée : en l'espace de trois jours, j'ai dû lui filer 1 500 dollars. Nos transactions étaient faciles, banales presque – c'était comme si je passais acheter des légumes chez mon primeur habituel. On n'échangeait quasiment pas un mot.

Hormis ces brèves sorties, je restais terré dans ma chambre d'hôtel avec mon doseur, mon briquet et mon crack.

Je dois m'interrompre ici un instant. Pardonnez-moi. Tous mes neurones sont en alerte et hurlent : « J'en reveux ! J'en reveux ! » C'est ce que provoque parfois en moi l'évocation de ces souvenirs. Les gens qui souffrent d'addictions savent de quoi je parle. L'équilibre est précaire. Lorsqu'on guérit d'une dépendance, il est essentiel de parler ouvertement de ce que l'on a vécu, mais on court toujours le risque de raviver le craving, ce besoin impérieux de consommer, qui est parfois monstrueux.

C'est là tout le pouvoir du langage, pour le meilleur et pour le pire. Il y a des moments, en écrivant ce livre, où le seul fait de nommer ce que j'ai fait m'est insupportable – la force obscure du crack est déchaînée. C'est le cas ici. Mon cerveau a beau avoir conscience que le sentiment de paix que me procurait le crack était éphémère et autodestructeur à plus ou moins long terme, il sait aussi qu'il était plus agréable que la souffrance que j'éprouvais avant de me défoncer. Le crack n'était pas la seule réponse à cette douleur, mais encore une fois c'était une réponse, assurément la plus facile, à l'éternelle question que les gens ne cessent de poser : « Pourquoi vous ne pouvez pas décrocher ?

– Parce que c'est trop bon, putain ! » Et en écrivant ces mots je sens encore la pipe dure et brûlante sur mes lèvres, la chaleur qui enfle dans ma bouche, la fumée qui me grille les poumons, mes muscles qui se contractent sous l'explosion flamboyante du flash se propageant jusqu'à la moindre extrémité de mon corps.

Quand je repense à ce qui s'est passé à Nashville, un frisson me parcourt l'échine. Je me souviens encore de ce que j'ai ressenti dans la voiture cette nuit-là – la douleur au bas des reins après avoir roulé des heures entières, mes épaules qui se voûtaient peu à peu, mon cœur battant à tout rompre – quand le type aux ongles sales est sorti de l'immeuble avec mon pochon. Je me revois chercher un nouveau tampon Chore Boy pour me servir de filtre, puis décider de reprendre plutôt l'ancien en me disant qu'il était couvert de résidu et que le crack serait encore meilleur quand la fumée le traverserait. Je me rappelle qu'il y avait trois doseurs neufs dans un sac en papier posé sur la banquette arrière, que je m'apprêtais à passer le bras derrière l'appui-tête pour en prendre un et que je me suis ravisé en me disant qu'il valait mieux les économiser et n'en utiliser qu'un par jour durant le reste de mon périple à travers le pays.

Je me rappelle que je comptais refaire chauffer le crack dans ma chambre d'hôtel, puis que j'essayais de me rappeler si j'avais une cuillère ou s'il y avait un micro-ondes dans la chambre. Je me rappelle que je n'arrivais pas à me rappeler.

Je me souviens avoir pensé m'arrêter dans un magasin d'alcool en rentrant à l'hôtel, puis songé que je pouvais toujours appeler le room-service si j'avais envie d'un verre, avant de me dire que ce serait bien plus cher qu'au magasin, et finalement décidé de laisser tomber comme si ma décision de ne pas boire ce soir-là n'était qu'une simple question de budget. Je me souviens m'être également dit qu'il fallait que je mange quelque chose, avant de penser : « Et puis merde, j'ai plus urgent à faire. »

Ce dont je me souviens vraiment, c'est d'être rentré dans ma chambre vers deux ou trois heures du matin, d'avoir enlevé ma veste, de m'être installé dans un fauteuil moelleux et d'avoir pris ma première vraie taffe – rien à voir avec celle que j'avais tirée pour tester le produit sous le regard de braise de cet inconnu qui me fixait avidement sur le siège passager. Et je me souviens de la raison pour laquelle je me souviens de tout avec précision : cette sensation d'être instantanément transporté, à une vitesse vertigineuse, comme si je chevauchais une fusée, dans un endroit magnifique, loin, très loin.

En évoquant tous ces souvenirs, j'ai l'impression de trahir celui que je suis aujourd'hui. Cela provoque en moi un besoin impérieux qui va totalement à l'encontre du chemin que j'ai parcouru. Quand vous voyez l'effet que ces souvenirs peuvent avoir sur l'esprit et sur le corps, en les poussant à agir contre votre désir le plus sincère de ne pas sombrer, vous craignez qu'ils puissent vous faire replonger. Ils provoquent des sentiments de honte et de culpabilité qui pour être franc ne font qu'éveiller un sentiment exacerbé d'excitation hallucinante.

Logique de toxicomane…

Je déteste tout ça. Je déteste m'en souvenir. Je déteste le mal que le crack nous a fait, à moi et aux autres. Et plus encore je déteste le fait de regretter encore le sentiment de paix qu'il me procurait. Il ne faisait pas partie de ces belles choses dont parlait mon frère.

Le centre de Sedona a commencé à m'assaillir de coups de téléphone pour savoir quand j'arrivais. Je ne répondais pas. J'ai fini par recevoir un appel de Joey, qui était là-bas depuis quelques jours et savait que si c'était son numéro qui s'affichait, je décrocherais. Il m'a alors passé les gens de Grace Grove, qui insistaient pour me parler. J'ai invoqué diverses excuses : un ennui professionnel de dernière minute, un problème familial imprévu… Joey connaissait la chanson ; il savait par expérience ce qui se passait sans que j'aie besoin de le lui dire. Il a tenu bon et m'a attendu. Au bout de quatre jours, j'avais déjà renoncé à traverser tout le pays et j'ai pris un billet d'avion de Nashville à Phoenix avec une courte escale à Los Angeles. Je laisserais ma voiture dans le Tennessee et la récupérerais au retour.

J'ai réitéré le pitoyable numéro de défonce et de tergiversations auquel je m'étais livré à Dulles. Je me suis cloîtré dans ma voiture, terrifié à l'idée de me faire arrêter au contrôle de sûreté ou de ne pas supporter le vol de quatre heures sans pouvoir fumer avant. J'ai raté les vols les uns après les autres. J'ai fini par embarquer le soir et atterri à Los Angeles où j'avais deux heures à attendre avant le vol suivant. J'avais tellement envie de fumer que je suis sorti du terminal avec mon sac et ce qui me restait de crack, et j'ai fumé dans l'escalier d'un parking. Je savais que je louperais ma correspondance. J'ai passé un coup de fil à Hallie. Elle était la seule à être au courant de mon périple dans l'Ouest et je lui ai dit ce que je comptais dire à tout le monde : j'étais arrivé à Sedona et tout allait bien.

Ce soir-là, j'ai pris une chambre d'hôtel à Marina del Rey, non loin de là, et immédiatement appelé un vendeur de crack que j'avais rencontré lors d'un voyage d'affaires dans la région. Je l'appellerai Curtis. Je l'avais connu grâce à une alternative à mon superpouvoir qui consistait à parcourir les petites annonces d'escort en ligne, non pour le sexe mais pour trouver celles qui offraient de « faire la fête », autrement dit de fournir de la drogue. Curtis n'a pas tardé à arriver avec du crack, sa petite copine, qui était une prostituée, et Honda, un garçon d'une vingtaine d'années grand, émacié, qui avait été skater professionnel jusqu'à ce qu'il se soit à peu près tout cassé. Il s'était reconverti et fauchait à présent des Honda. Lors d'un autre séjour à Los Angeles, il devait m'apprendre à cuisiner moi-même mon crack dans un bungalow du Chateau Marmont.

Cette escale imprévue s'est transformée en six jours de bacchanales. Curtis et sa bande venaient constamment faire la fête dans ma suite, ils mettaient de la musique à fond, appelaient le room-service, vidaient le minibar – le tout à mes frais et avec mon consentement. Ils profitaient de ma générosité, mais sans excès. Moi, j'avais totalement perdu les pédales. Ils préféraient l'alcool et l'herbe au crack, alors que je fumais non-stop en me baladant en caleçon et en faisant n'importe quoi. Je ne dormais jamais. Jamais. Chaque jour je réservais un vol de Los Angeles à Sedona et chaque jour je l'annulais. J'étais incapable de me décider à embarquer dans un avion.

Au bout de quelques jours, même les habitués de la nuit ont commencé à être gênés par mon attitude. À la suite d'une embrouille ridicule qu'il serait trop long de raconter en détail, j'ai failli me bagarrer devant un club d'after d'Hollywood Boulevard. Avant que les deux gorilles du club n'aient eu le temps d'intervenir, un de leurs amis, un colosse samoan coiffé de tresses qui lui descendaient jusqu'au bas du dos, m'a pris à part pour me calmer. Il se faisait appeler Baby Down, un surnom qu'il tenait de son frère aîné, Down – ainsi baptisé parce qu'il pouvait envoyer au tapis tous ceux qui lui cherchaient des noises. Il valait mieux ne pas le chercher non plus, Baby Down. Par la suite, j'ai appris qu'il était lié au Boo-Yaa

T.R.I.B.E., un groupe local de membres de gang devenus rappeurs qui avaient connu le succès à la fin des années 80 et 90. Certaines ramifications du groupe détenaient apparemment le monopole sur les videurs qui travaillaient dans les boîtes de strip-tease.

Ce soir-là, Baby Down m'a emmené dîner au Mel's Drive-In de Sunset, et a discuté avec moi jusqu'à ce que je m'apaise. Malgré ses allures de caïd, c'était un homme plein d'empathie et d'une finesse qui allait au-delà de son intelligence manifeste de la rue. Il a parlé de m'aider à décrocher et me remettre sur pied.

J'ai finalement décidé de louer une voiture et de partir pour Sedona. J'ai quitté Marina del Rey vers quatre heures du matin sans avoir dormi, au volant d'une immense Lincoln Town Car et j'ai pris la I-10 pour entamer un périple de huit cents kilomètres.

Je suis arrivé à San Bernardino, à cent vingt kilomètres à l'est. Des sommets enneigés émergeaient au loin dans les premières lueurs de l'aube. J'étais si épuisé que j'ai pris une chambre d'hôtel. Mais je n'ai pas pu dormir, pas pu m'empêcher de fumer. Au bout d'un moment, j'ai repris la route.

Logiquement, l'histoire aurait dû s'arrêter là – c'en était fini de moi.

Vers onze heures du matin, alors que je fonçais sur l'autoroute plate comme un billard qui se déployait au milieu du désert brûlé de Sonora, sous une température qui avoisinait déjà les trente-deux degrés, j'ai piqué du nez quelque part aux abords de Palm Springs. Quand je me suis réveillé l'instant d'après, j'étais littéralement dans les airs : la voiture avait franchi l'accotement et s'élevait à cent trente kilomètres-heure dans un ciel bleu dégagé, s'apprêtant à retomber sur le terre-plein qui divisait en deux la I-10.

Quelques nanosecondes, tout s'est déroulé au ralenti, image par image. J'avais ce qui me semblait être une éternité pour évaluer la situation et envisager les différentes solutions, alors qu'il était trop tard, naturellement. Au moment où la voiture plongeait vers le terre-plein central, j'ai résisté à la tentation d'obéir à mes réflexes qui me suppliaient de freiner à mort : je savais que, dans ce cas, la Lincoln partirait en tonneaux dès que les roues toucheraient le sol et que je serais éjecté ou broyé. Au lieu de quoi j'ai accéléré à la seconde où la voiture a atterri sur le terre-plein et je l'ai laissée rouler jusqu'au moment où j'ai donné un coup de volant pour éviter un talus sur lequel les véhicules d'urgence et de police pouvaient faire demi-tour. La voiture a tournoyé et s'est retrouvée de l'autre côté de l'autoroute, à contresens. Miraculeusement, une brèche dans la circulation a permis à la Lincoln d'arriver sans encombre sur la bande d'arrêt d'urgence, où elle s'est arrêtée net, dans un bruit de sifflements et de ratés, posée sur ses quatre pneus à plat, le châssis enveloppé de cactus et de broussailles.

Je ne sais pas combien de temps je suis resté là. Une éternité, m'a-t-il semblé Je clignais des yeux derrière mes lunettes de soleil qui curieusement étaient toujours sur mon nez. Les bagages qui se trouvaient sur la banquette arrière étaient éparpillés à l'avant. L'intérieur de la voiture était un véritable champ de bataille. Je tremblais, encore électrisé par mes douze jours de défonce non-stop. Deux voitures de patrouille sont passées à toute allure, comme si j'étais simplement un conducteur qui s'était arrêté pour pisser ou un touriste en contemplation devant le paysage immense et monotone du bord de la route.

J'ai appelé le loueur et expliqué qu'une voiture m'avait fait sortir de la route. La dépanneuse n'est arrivée que deux heures plus tard et quand le chauffeur a examiné la Lincoln, je lui ai dit que j'avais fini sur le terre-plein central. Il a haussé les épaules. « Ça arrive tout le temps », a-t-il dit avant de m'emmener à Palm Springs où j'ai pris un autre véhicule de location pour poursuivre ma route jusqu'à Sedona.

Il s'est alors passé quelque chose d'étrange.

Après être remonté vers le nord en m'arrêtant pour prendre de l'essence quelque part sur les contreforts de l'Arizona, j'ai repris l'autoroute et ne me suis aperçu que deux heures plus tard que je n'allais pas dans la bonne direction. Après avoir fait demi-tour, je me suis retrouvé, bien après minuit, à rouler sur une route de montagne en lacets par une nuit sans lune. Il n'y avait pas la moindre lumière où que ce soit. À certains endroits il y avait des glissières de sécurité, à d'autres non. J'étais décidé à continuer à rouler au lieu de me garer pour attendre qu'il fasse jour. J'avais appelé Grace Grove avant de quitter Palm Springs et convenu avec Joey et Morgan, un ancien cow-boy qui dirigeait l'endroit avec Puma, qu'ils viendraient me chercher à l'agence de location de voitures de Prescott, une ville typique de l'Ouest à une heure et demie de route du centre de bien-être.

Dans le vent du désert qui s'engouffrait en sifflant par les vitres grandes ouvertes, j' écoutais un album de remix du chanteur de blues du Mississippi R.L. Burnside pour me donner de l'énergie. Dans le morceau « It's Bad You Know », Burnside répète ces mots inlassablement de sa voix rauque. Je le passais en boucle comme une étrange incantation, totalement disjoncté. Pour ne pas m'endormir, j'alternais les pipes de crack et les cigarettes en gardant les vitres baissées, et mettais la tête dehors dans l'air vivifiant de la nuit dès que je me sentais somnolent. Au bout d'un moment, le crack ne me faisait plus aucun effet, mais je continuais à fumer par habitude. Je me donnais même des claques.

Alors que je scrutais l'obscurité, en me penchant tellement en avant par moments que mon torse touchait le volant, une énorme chouette effraie a soudain surgi devant mon pare-brise comme si elle était tombée du ciel d'encre. Elle a survolé le capot de la voiture puis s'est retrouvée prise dans les phares. Je ne savais pas si elle était réelle ou si c'était une hallucination, mais une chose est sûre, c'est que ça m'a réveillé. Aussi brusquement qu'elle était arrivée, l'effraie a viré vers la droite, hors de portée des phares. Je l'ai suivie pour rester sur la route et elle m'a entraîné dans un virage serré que j'ai négocié impeccablement. Pendant quelques minutes elle a disparu, tandis que la route redevenait droite, pour réapparaître soudain, inclinant ses ailes immenses d'un côté puis de l'autre en me guidant dans une série ininterrompue de lacets. J'ai continué à la suivre. Elle a recommencé quatre ou cinq fois – disparaissant, revenant, enchaînant les descentes, les montées et les virages en épingle comme un avion de voltige dans un meeting aérien, en me faisant presque signe de rester juste derrière elle. Je ne sais pas combien de temps ça a duré mais elle a fini par me conduire directement à Prescott. Puis elle s'est éloignée à tire-d'aile dans le ciel moucheté d'étoiles, et j'ai secoué la tête en articulant inlassablement un « Merci » encore incrédule.

Il était trois heures du matin. Joey et Morgan m'attendaient depuis des heures. Quand je me suis garé, ils n'étaient visiblement pas contents. « Vous ne croirez jamais ce qui m'est arrivé ! » me suis-je exclamé, encore abasourdi par ce que j'avais vu. Je voulais tout leur raconter. Que c'était un miracle si j'étais là. Que j'avais eu de la chance à Nashville de tomber à deux heures du matin sur un dealer de crack qui ne m'avait pas pris tout ce que j'avais, y compris la vie. Qu'une fripouille qui rêvait de devenir manager de musique et sa petite copine qui se prostituait avaient agi pour mon bien en me poussant à décrocher au lieu de me dévaliser. Que j'avais volé au-dessus de l'autoroute sans me tuer ni tuer personne. Et enfin qu'un oiseau géant – ou un ange gardien, ou encore un fruit de mon imagination – m'avait pris sous son aile quelques minutes auparavant pour m'empêcher de tomber dans un ravin et m'amener jusque-là.

Mais mes chaperons m'ont clairement fait comprendre que ce n'était ni l'heure ni l'endroit pour écouter mes conneries. « C'est ça, oui », a dit l'un d'eux en m'indiquant de monter dans le minivan. L'intérieur de la Lincoln était un champ de bataille ; je l'avais conduite pendant dix heures de folie, passées à fumer, zigzaguer, péter les plombs, et le contenu de ma valise était éparpillé dans tous les sens. Joey et Morgan, qui avaient hâte de rentrer, m'ont aidé à nettoyer du mieux qu'ils pouvaient. Je suis monté dans le minivan et je suis parti me soigner. Une fois de plus.

Je n'ai pas quitté mon lit pendant trois jours. Décrocher du crack n'est pas aussi dangereux que d'arrêter de boire ni aussi douloureux que de se sevrer de l'héroïne. Mais une défonce de plus d'une semaine non-stop comme celle que je venais de vivre laisse le corps affaibli et déshydraté. J'avais mal à toutes les articulations comme si je souffrais d'arthrose ; j'étais presque handicapé des genoux et je craignais que mon torticolis ne soit permanent. J'avais de la fièvre, des frissons et un niveau d'angoisse qui frôlait la panique, et le troisième jour je me suis mis à cracher d'inquiétantes glaires noirâtres. Allongé, seul, dans le décor propre et rustique de Grace Grove, tandis que Joey venait me voir toutes les heures et Puma me faisait avaler des remèdes à base de plantes, je ne rêvais que d'une chose : fumer du crack – sentir la chaleur emplir ma bouche, la fumée me brûler les poumons, chevaucher la fusée.

J'avais oublié mon portefeuille dans la voiture de location. Il contenait le badge du bureau du procureur général des États-Unis de mon frère, que j'avais toujours sur moi, ainsi qu'une carte de visite d'un agent du Secret Service, alors que je ne bénéficiais plus de service de protection depuis des années. En nettoyant la voiture, un employé de Hertz a trouvé du matériel et un résidu de poudre blanche sur un accoudoir. Après avoir cherché mon nom et celui de Beau sur le Net, le directeur a appelé la police locale – qui a appelé le Secret Service, qui a appelé mon père, qui a dû appeler Hallie, puisque c'était la seule à savoir où je me trouvais. J'avais également oublié mon portable dans la voiture, si bien que Hallie a contacté Joey qui s'est chargé de tout à partir de là. J'ai fini par tout récupérer.

La police de Prescott a appelé Grace Grove pour se renseigner à mon sujet, mais elle a laissé tomber l'enquête. Je ne l'ai appris que lorsque je suis sorti de mon lit, au bout de quatre jours, et tout cela m'a paru ridicule. Contrairement à ce qu'ont prétendu par la suite certains médias de droite, les policiers n'ont subi aucune pression pour abandonner l'affaire. Comme l'a déclaré par la suite au *New Yorker* le procureur de la ville de Prescott, un homme qui a servi vingt ans dans la garde nationale de l'Arizona et été déployé en Afghanistan : « C'est une région ultra-républicaine. Même s'ils l'avaient demandé, je ne pense pas qu'ils auraient obtenu des faveurs politiques. »

Quoi qu'il en soit toute cette histoire a alarmé les gens de Grace Grove, qui savaient que j'étais là pour soigner ma toxicomanie mais ignoraient que c'était aussi grave. Ils m'ont demandé si j'avais des produits sur moi, craignant que la police ne vienne fouiner au centre. Ils ont fouillé ma valise et sorti tout mon matériel de consommation. Morgan a embarqué ce que j'avais en ma possession puis il est parti dans les montagnes désertiques de roche rouge enterrer tout mon attirail avec solennité, conformément à l'esprit de Grace Grove. À son retour quelques heures plus tard, on aurait dit qu'il avait vu un fantôme. Son visage tanné était blême. Quand je lui ai demandé ce qui s'était passé, il m'a dit qu'en enterrant les instruments de mon addiction, il avait été pris d'un violent malaise. Puis il s'était évanoui et avait eu des visions apocalyptiques. Dans son rêve, une image revenait sans cesse : quatre cavaliers brandissant une faux et chevauchant des étalons crachant du feu qui fonçaient vers moi. Je ne savais pas quoi lui répondre – j'ignorais s'il fallait rire ou trembler. Mais plus il parlait, moins la question se posait. Prophétie, révélation ou imposture, peu importe, ce qu'il me décrivait était la métaphore exacte de ce que m'inspirait le pouvoir du crack et de la dépendance. Quelques jours à peine auparavant j'avais voltigé au-dessus d'une autoroute et quelques heures après j'avais suivi un gigantesque oiseau dans des cols de montagne plongés dans les ténèbres. Quand je songe aujourd'hui au combat que j'ai mené contre ma dépendance, l'image qui me vient est celle de ce groupe terrifiant de cavaliers squelettiques de la nuit – les quatre cavaliers de la Crackocalypse.

J'ai passé le reste du séjour à me remettre sur pied. J'ai mangé sainement, médité, assisté à une séance d'hypnothérapie et fait des purges. Pour la première fois depuis quatorze jours, je n'ai pas fumé de crack. Au bout d'une semaine, j'ai quitté Grace Grove pour aller à Mii Amo, un hôtel avec spa.

Me sentant physiquement et mentalement régénéré, j'ai appelé Hallie et lui ai demandé si elle voulait bien venir me chercher en Arizona. Je voulais qu'elle fasse le voyage de retour avec moi car je craignais de ne pas réussir à rentrer sans être tenté de faire un détour par l'abîme dans lequel j'avais sombré en venant.

Elle a pris l'avion le lendemain. J'étais au plus bas, elle était désemparée, et nous nous sommes raccrochés sans réserve l'un à l'autre. Nous avons longuement parlé, nous avouant à quel point nous avions besoin l'un de l'autre, combien notre santé et notre bien-être semblaient dépendants de l'amour qui avait grandi entre nous. Il va de soi que la force invisible qui était à l'œuvre ici n'était autre que Beau. Aujourd'hui cela paraît évident, mais à l'époque nous étions mus par une dynamique jamais exprimée, ni même reconnue : l'idée qu'en étant ensemble nous pouvions maintenir Beau vivant, qu'en nous aimant nous pouvions le ramener à la vie.

Quand nous sommes rentrés dans le Delaware à la fin de la semaine, nous n'étions plus deux êtres liés par une douleur partagée. Nous étions un couple.

S'il y a bien une union qui était vouée à l'échec, c'était la nôtre. Elle tombait sous le sens, si ce n'est qu'elle n'en avait aucun. Nous sommes revenus d'Arizona bien décidés à ce que ça marche, même si je ne suis pas sûr que nous mesurions l'un et l'autre ce que cela signifiait. C'était une relation fondée sur le besoin, l'espoir, la fragilité et la tragédie.

En fait, avant la mort de Beau, nous n'avions jamais été proches, Hallie et moi. Je me souviens avoir été étonné quand il avait annoncé leur mariage. C'était un célibataire extrêmement convoité à des centaines de kilomètres à la ronde et il était très discret sur ses relations. Lorsque Beau habitait à l'étage de la première maison que j'avais achetée avec Kathleen dans le Delaware, la sœur aînée de Hallie, que nous avions connue étant jeunes, venait tout le temps, toujours accompagnée de Hallie qui la suivait partout. Je m'étais aperçu qu'ils se rapprochaient à l'époque où Beau préparait l'examen du barreau, qu'il avait dû passer plusieurs fois (le barreau du Delaware est connu pour être très difficile). Quand il s'enfermait pour réviser, Hallie se montrait à la fois attentive et pleine de compassion. Clairement, il se passait quelque chose. Elle était véritablement entrée en scène quand Beau était revenu du Kosovo après la guerre où, en qualité de conseiller juridique, il avait contribué à former des représentants de la justice civile et pénale. Il y avait attrapé un virus qui avait déclenché une spondylarthrite ankylosante, une horrible maladie génétique qui provoque un raidissement des articulations du dos, comme l'arthrite aiguë. Beau avait été traité à l'Humira, qui en était encore au stade expérimental, au National Institutes of Health (NIH) de Bethesda, dans le Maryland. Le médicament s'était révélé efficace et durant tout son traitement et sa convalescence Hallie s'était occupée de lui. Ils s'étaient mariés l'année suivante.

Les relations entre Hallie et Kathleen étaient parfois un peu tendues. Hallie m'a confié que, la veille de leur mariage, Beau lui avait dit : « Il faut que tu règles ça, parce que mon frère compte plus que tout pour moi. » Tous les quatre, nous étions toujours fourrés ensemble. Nous partagions toutes les fêtes, toutes les vacances. Beau et Kathleen étaient devenus proches. Ils plaisantaient tout le temps et comme ils étaient aussi farceurs l'un que l'autre, j'étais la cible idéale – il y a quelque part une photo d'eux deux tenant une cuisse de dinde de Thanksgiving au-dessus de ma bouche grande ouverte alors que je dors à poings fermés sur un canapé d'une maison de vacances... Nous n'avions pas cette complicité, Hallie et moi. Nous n'avions pas grand-chose en commun, ni même grand-chose à nous dire. Elle n'était pas captivée par la politique, n'était pas passionnée par les mêmes sujets que moi. Mais c'était une femme incroyablement séduisante – ses grands yeux et son large sourire éclatant étaient fascinants. Je comprenais que mon frère soit tombé amoureux d'elle. Hallie était fière de Beau et de la famille qu'ils avaient fondée. C'est ce qui la comblait.

La mort de mon frère nous a tous déstabilisés d'une façon qu'aucun de nous n'aurait pu prévoir, me semble-t-il. Beau jouait un rôle si démesuré dans l'existence de beaucoup d'entre nous que nos vies se sont trouvés entremêlées et dépendantes les unes des autres comme jamais auparavant. Après l'enterrement, Hallie a montré une réelle compassion en s'assurant que je perpétue le souvenir de Beau comme il l'aurait souhaité, en m'aidant notamment à créer la fondation Beau Biden pour la protection de l'enfance. Elle m'a également permis d'être là pour Natalie et Hunter, ainsi qu'il le souhaitait.

Nous avons commencé à tisser des liens, Hallie et moi, lorsque je venais chez elle pour l'aider à s'occuper des enfants. Je me suis très vite fait à mon nouveau rôle. Je faisais les deux heures de route de Washington au Delaware, j'arrivais en début de soirée, à temps pour dîner ou pour emmener les enfants à leurs matchs de foot. Puis je l'aidais à les coucher et leur racontais souvent des histoires sur leur papa ; Natalie, en particulier, adorait que je lui parle de Beau et moi quand nous étions petits. Je dormais dans le canapé-lit du salon, puis le matin je les emmenais à l'école avant de retourner à

Washington travailler et aller au centre de désintoxication. Avec le temps, nous avons commencé à aller tous ensemble au cinéma, à la messe, à la plage.

J'étais séduit par l'idée de leur offrir une famille élargie semblable à celle qui nous avait entourés, mon frère et moi, après la mort de maman et de notre petite sœur, quand tante Val était venue s'installer chez nous et qu'oncle Jim avait transformé notre garage en appartement. Les enfants de Beau et Hallie étaient devenus ma seule motivation. Tout ce qui m'importait, c'était de veiller à être là pour eux de la même façon que mon frère aurait été là pour mes filles dans des circonstances identiques. Je savais au plus profond de moi ce qu'éprouvaient Natalie et Hunter car je l'éprouvais aussi. Nous avions une complicité unique. Je participais déjà à leur éducation avant la mort de leur père. J'avais une place centrale dans leur vie – de même que Beau dans celle de mes filles. J'étais toujours d'une franchise absolue avec eux, qu'il s'agisse de les conseiller ou de les gronder, et mon frère faisait de même. Quand elles avaient un souci, mes filles se confiaient à lui tout comme elles se seraient confiées à moi, et Natalie et Hunter venaient me voir tout comme ils seraient allés voir leur père.

Je ne voulais pas remplacer mon frère, Dieu sait que j'en aurais été incapable. Mais je voulais sentir sa présence. Je voulais m'imprégner de son souvenir et je croyais qu'en étant auprès de ses enfants je pouvais ressusciter son amour. Avec le recul, il est difficile de dire si c'était de l'altruisme ou de l'égoïsme. Je ne sais pas.

Quand je suis revenu de Sedona avec Hallie à l'automne 2016, notre relation n'en était qu'à ses débuts ; nous n'en avons pas parlé, le temps de savoir où elle nous mènerait. Ça n'a pas duré. Après notre voyage, Kathleen a trouvé des échanges de textos entre Hallie et moi sur un vieil iPad que j'avais dû laisser à la maison. Elle tenait son prétexte : j'étais le tordu qui couchait avec la femme de mon frère.

Et là tout a explosé.

Le 23 février 2017, deux mois après avoir demandé le divorce, Kathleen a déposé une requête devant la Cour supérieure de Washington, demandant le gel de mes avoirs. L'information a été divulguée dans « Page Six », la rubrique people du *New York Post.* Une semaine plus tard, la nouvelle que je sortais avec Hallie a fuité dans la presse. Un journaliste du *Post* m'a demandé de confirmer ou démentir que nous étions en couple. Cela me mettait, nous mettait dans une situation délicate : si je démentais, ce qu'on essayait de construire deviendrait un mensonge ; si je confirmais, les tabloïds se déchaîneraient contre nous.

J'ai opté pour une affirmation franche et répondu avec sincérité que nous avions, Hallie et moi, une « chance incroyable d'avoir trouvé l'amour et le soutien que nous nous apportons mutuellement dans un moment aussi difficile ». J'ai demandé à mon père de faire également une déclaration afin de l'annoncer au reste de la famille. Il avait quitté ses fonctions de vice-président un mois à peine auparavant. « Écoute, papa, lui ai-je dit, si les gens l'apprennent et pensent que tu désapprouves, ils penseront que c'est mal. Les enfants doivent savoir qu'il n'y a rien de mal à ça et la seule personne qui peut le leur dire, c'est toi. » Il était réticent mais il a fini par accepter de faire ce que je jugeais être le mieux. Il a déclaré à la presse : « Nous sommes très heureux que Hunter et Hallie se soient trouvés en s'efforçant de se reconstruire après tant de tristesse. Ils ont mon soutien total, ainsi que celui de Jill, et nous sommes heureux pour eux. »

L'article a été publié le lendemain, 1er mars, sous ce titre tapageur : « La veuve de Beau Biden a une liaison avec son beau-frère marié ». C'était le début de la fin. Hallie était mortifiée. Notre vie s'est transformée en un feuilleton de tabloïd narré par le *Post*, *TMZ*, le *Daily Mail* et autres torchons. Les paparazzis nous suivaient en permanence. Non seulement notre relation était exposée au grand jour à Wilmington, mais elle faisait la une de soixante-dix-huit journaux du monde, de la Thaïlande à la République tchèque.

Notre vie de désespoir silencieux était soudain affichée aux yeux du monde. Jusque-là, j'essayais éperdument de conserver une part de mon frère et Hallie aussi, je crois. Avant que notre relation ne soit rendue publique, nous n'avions pas encore envisagé de nous engager à long terme ou de façon permanente, mais aucun de nous n'était prêt à laisser partir l'autre. Le fait d'être sous les projecteurs nous a forcés à prendre des décisions que nous ne voulions pas prendre. Quand on va jusqu'à admettre qu'on est en couple avec la veuve de son frère (ou le frère de son mari décédé), mieux vaut être totalement investi. Nous craignions qu'autrement notre relation ne soit perçue comme une brève liaison sordide. Nous nous sommes donc efforcés de faire marcher une histoire qui, avec le recul, n'avait aucun avenir.

Cela a eu de terribles retombées. Mes filles étaient anéanties. J'ai perdu presque tous mes clients et dû démissionner de la branche américaine du Programme alimentaire mondial. Que ce soit sur le plan des affaires ou de ce qui me passionnait, j'ai presque tout perdu. Pire encore, j'ai commencé à replonger quelques mois après être rentré de Sedona. Si j'avais été sobre et clean, j'aurais peut-être mieux géré la situation ; j'aurais peut-être empêché que cela vire au désastre.

Hallie et moi ne nous sommes installés ensemble qu'à la fin de l'été, à Annapolis. Nous voulions échapper à Wilmington où le moindre de nos faits et gestes était scruté, sans trop nous éloigner cependant, pour que je puisse aller travailler à Washington et voir mes filles. Ce serait un nouveau départ. Nous avons loué une maison et inscrit Natalie et Hunter à l'école.

Ça a été un fiasco dès le départ. Avec moi, il lui était presque impossible de surmonter son chagrin et d'autres problèmes auxquels elle faisait face, et avec elle, il m'était presque impossible de faire de même. C'était une folie de notre part, une erreur de jugement née de la tragédie qui nous avait frappés. En réalité, nous étions aussi incapables l'un que l'autre de faire un café convenable, et encore moins de faire des choix de couple alors que les paparazzis se bousculaient devant chez nous pour regarder par la fenêtre. Nous étions tous les deux trop empêtrés dans nos problèmes pour pouvoir nous aider mutuellement. Nous avions beau croire désespérément que chacun de nous était peut-être la réponse aux souffrances de l'autre, nous ne faisions qu'en créer de nouvelles.

Pour Hallie, je lui rappelais constamment ce qu'elle avait perdu. La vie que je menais était l'antithèse de celle que lui offrait mon frère. J'étais en proie à des addictions. J'étais rarement là. Je refusais de consommer à la maison parce que je ne voulais pas leur imposer ce spectacle, à elle et aux enfants, alors je m'absentais pendant de longues périodes. Je me promettais sans cesse de décrocher et je décrochais, jusqu'au jour où je replongeais.

Pour moi, le fait de rester proche des enfants de mon frère

était le premier de mes devoirs envers Beau. En réalité, Natalie et Hunter avaient besoin de temps pour se reconstruire, sans qu'on leur rappelle ce qui n'était plus. Même si je ressemblais à Beau, même si j'avais sa voix – même si physiquement et psychiquement nous avions en commun une part d'ADN –, je ne pourrais jamais remplacer leur père. Cela n'avait jamais été dans mes intentions, naturellement, mais ce n'est pas le genre de question que des enfants aussi jeunes devraient avoir à résoudre tout seuls. Mon incapacité à décrocher n'arrangeait rien, évidemment. S'il y a bien une chose dont les enfants ont besoin, c'est de constance, a fortiori s'ils ont perdu un parent qu'ils chérissaient. Avec la vie que je menais, il m'était impossible de leur en offrir.

Moins de trois mois après notre installation ensemble, j'ai déménagé. Après une courte interruption, durant laquelle j'ai décroché, nous avons réessayé en janvier. C'était une nouvelle année – 2018 –, une page blanche s'ouvrait. Nous avons loué une autre maison et réinscrit les enfants à l'école pour un autre semestre. Nous avions du mal à accepter que nous nous soyons à ce point fourvoyés, d'autant plus avec ce que Natalie et Hunter avaient déjà vécu.

Cette seconde chance a duré deux semaines. Pour moi, c'était un échec démesuré. Notre couple était fondé sur une quête désespérée de l'amour que nous avions tous les deux perdu et sa dissolution ne faisait qu'aggraver la tragédie. Il fallait se rendre à l'évidence : ce qui n'était plus ne reviendrait jamais.

Ayant réalisé cela, il était d'autant plus difficile de prétendre qu'il pourrait en être autrement, et par conséquent d'autant plus difficile pour moi de décrocher. Mon oasis avait disparu. Qu'est-ce que j'allais bien pouvoir faire maintenant ?

9

Odyssée californienne

Moins de vingt-quatre heures après avoir atterri à Los Angeles au printemps 2018, je me suis servi de mon super-pouvoir – trouver du crack n'importe où, n'importe quand.

J'ai loué une voiture et pris un bungalow au Chateau Marmont, à West Hollywood. À quatre heures du matin, j'avais fumé tout ce que j'avais apporté, il ne m'en restait plus une miette. Les boîtes de nuit, dont les videurs constituaient mes principales sources, étaient toutes fermées, mes coups de fil à Curtis restaient sans réponse et mon réseau de voituriers était aux abonnés absents. Je me suis alors souvenu d'une bande de clochards qui rôdaient en permanence devant une galerie marchande, en face d'une boîte située près du carrefour de Sunset et La Brea, à moins de deux kilomètres de là. À ce stade, j'avais un flair imparable pour repérer les bons spots de crack. Quand je me suis garé dans le parking, ils étaient là : un petit groupe qui traînait autour d'une benne à ordures, tout au fond. Ils avaient improvisé un campement de sacs de couchage. C'étaient manifestement des usagers.

Je me suis approché d'eux et leur ai demandé s'ils avaient quelque chose à vendre. Ils n'avaient rien sur eux et à cette heure-là aucune envie d'aller m'en chercher où que ce soit.

Un de leurs compagnons est sorti de la supérette voisine, il m'a dit qu'il n'avait rien non plus mais qu'il savait où en trouver : dans le centre-ville. Il avait une cinquantaine d'années et l'air de sortir de prison – de fait, il m'a dit qu'il avait été libéré le jour même. Il n'arrêtait pas de remonter son pantalon car il n'avait pas eu le temps de se trouver une ceinture et il trimballait toutes ses affaires dans un sac de pharmacie en plastique.

Il était suffisamment désespéré pour monter en voiture avec un inconnu qui aurait facilement pu être un policier. J'étais suffisamment désespéré pour l'inviter à monter.

Pendant les vingt minutes de trajet, nous avons à peine échangé quelques mots. Il m'a dit comment il s'appelait, qu'il avait servi dans l'US Air Force. Une fois dans le centre, après Pershing Square, il m'a guidé dans les rues désertes du marché aux fleurs et du quartier de la mode. Dans l'obscurité précédant l'aube, une vaste enclave peuplée de sans-abri s'étendait sur le trottoir, des deux côtés de la rue. C'était une suite ininterrompue de tentes pop-up, de cartons penchés, de bâches qui s'alignaient bloc après bloc. On aurait dit une scène post-apocalyptique – ou du moins d'un monde post-américain. Le quartier paraissait plus sombre que le reste de la ville que nous venions de traverser, comme ces bidonvilles qui recouvraient souvent les terrains constructibles, dépourvus d'électricité. Les rues étaient jonchées de détritus et l'air chaud et lourd empestait les ordures, la pourriture et la sueur. Ici et là, des caddies étaient remplis des affaires de toute une vie ; la plupart de leurs propriétaires dormaient à proximité. Les seuls véhicules étaient des voitures de police. En arrivant, nous en avons vu au moins trois en l'espace de quelques minutes. Un silence inquiétant ajoutait à l'étrangeté de l'atmosphère.

C'était un véritable coupe-gorge. À cette heure-là, il n'existait aucune solidarité fraternelle dans la misère : quand deux personnes se croisaient, elles se figeaient toutes les deux jusqu'à ce que l'une des deux s'écarte – quand elle s'écartait. Il n'y avait pas de convivialité, pas de « Salut, mec ». Pas la moindre trace d'humanité sous le nihilisme. Aucune poésie, rien.

« Gare-toi là. » Le type est sorti avec les 100 dollars que je lui avais donnés et m'a dit de ne pas stationner dans la rue – il y avait trop de flics. Je l'ai regardé disparaître dans une brèche entre deux tentes, puis tourner dans le campement. Au troisième passage, je commençais à stresser – encore une arnaque ! –, quand je l'ai vu qui me faisait signe, semblable à un spectre dans la pénombre. Il est monté dans la voiture avec 100 dollars de crack. Je lui en ai donné 200 de plus en lui disant d'en prendre la moitié pour lui. Cette fois, un seul tour du quartier a suffi pour que je le retrouve.

Puis le type m'a demandé si je pouvais le ramener au croisement de Sunset et La Brea. Je l'ai déposé devant le campement et je suis rentré en vitesse au bungalow alors que le soleil pointait à peine à l'horizon.

Je suis retourné seul m'approvisionner à plusieurs reprises au même endroit au cours de mes cinq mois d'exil volontaire à Los Angeles – qui n'était autre qu'un désir de mort. J'y allais juste après la fermeture des boîtes de nuit à quatre heures, ou celle des clubs d'after à six heures, ou encore quand tel ou tel dealer avait fermé boutique. Les affaires ne reprendraient pas avant midi. C'était trop long pour moi : je ne pouvais pas attendre six heures pour me défoncer. Le jour était levé et je roulais encore, frénétique, en manque.

Même dans ce monde de fous, il n'existe pas de réseau

central pour quelqu'un qui est debout vingt-quatre heures sur vingt-quatre, fume tous les quarts d'heure, sept jours sur sept. Personne ne peut subvenir à de tels besoins. Quel que soit le système parallèle que j'étais capable de mettre en place, il y avait toujours des carences. Des carences que comblait cette ville de tentes.

La première fois que j'y suis retourné seul, j'ai retrouvé la brèche entre les tentes où j'avais vu mon copain de l'US Air Force se faufiler. Malgré les apparences, la disposition des lieux obéissait à une logique et une cohérence remarquables. J'ai contourné des gens recroquevillés sur des morceaux de carton mince. Derrière eux, j'ai remarqué une tente penchée qui n'était pas éclairée. J'ai soulevé un des rabats. Elle était plongée dans le noir. Je n'ai vu qu'un pistolet braqué sur moi.

Je ne me suis pas démonté : je me suis dit que je devais être au bon endroit. Si le type qui vivait là-dedans était armé, c'est qu'il avait quelque chose à protéger. Et j'avais raison. Je lui ai dit que j'étais déjà venu avec Joe ou peu importe le nom que j'ai donné au SDF qui m'avait amené là la première fois, il m'a répondu : « C'est qui ce mec ? » Je me suis contenté de lui demander s'il avait du caillou. « Ah. » Il a baissé son pistolet, fouillé à côté de lui et sorti un pochon. Il ne s'est même pas levé. J'ai vu à sa droite quelqu'un qui dormait à poings fermés en ronflant légèrement.

J'ai acheté le peu qu'il avait, mais ça me suffisait pour tenir le temps que le triste monde de parasites auquel j'appartenais désormais se remette au travail. J'ai regagné directement ma voiture et je me suis glissé à l'intérieur. Je tremblais et j'avais honte. Puis j'ai fumé un caillou. Trente secondes plus tard, j'étais anesthésié, je planais et je n'avais plus du tout honte – jusqu'à la prochaine fois.

Et durant des mois et des mois – presque toute une année –, il y a toujours eu une prochaine fois.

Quand on pense à ce premier jour, cela paraît absurde, mais j'étais venu en Californie pour recommencer de zéro. Je voulais un nouvel endroit où me perdre et un certain anonymat. Je voulais m'éloigner de Washington, de son environnement nocif, de ses mauvaises influences. Je voulais aller quelque part où il ne fasse pas toujours gris. Je voulais une seconde chance. J'avais prévu de trouver quelque chose où m'installer définitivement. Au lieu de quoi j'ai passé les six premières semaines terré au Chateau Marmont à apprendre à préparer le crack.

À ce stade de ma dégringolade, j'avais pleinement conscience de l'histoire sulfureuse de l'hôtel. Cela faisait partie de son charme. Mon bungalow était voisin de celui où John Belushi avait succombé à une overdose. Peu après avoir apparemment sauté d'une fenêtre du quatrième étage du Chateau, Jim Morrison était mort dans une baignoire d'un hôtel parisien. Je pensais constamment à ce genre de choses. La quantité d'alcool et de crack que je consommais était ahurissante – dangereuse même. Morrison était un petit joueur comparé à moi.

Cuisiner le crack demandait de l'entraînement, mais ce n'était pas sorcier : bicarbonate de soude, eau, cocaïne. J'avais décidé de me passer de l'intermédiaire qui pouvait couper le produit avec n'importe quoi. Et j'avais tout ce qu'il fallait dans le bungalow : une cuisinière, un micro-ondes, des bocaux en verre et un prof qui donnait des cours à domicile – Honda, le skater devenu voleur de voitures.

Les deux points essentiels du processus sont d'une part de se procurer un bocal pour faire cuire le tout, qui ne soit ni trop mince (il se briserait) ni trop épais (il ne chaufferait pas bien), et d'autre part de respecter les proportions exactes. Je me suis révélé incroyablement doué – je suppose que le 172 que j'avais obtenu à l'examen d'entrée à la fac de droit n'y était pas étranger –, mais j'étais parfois capable de tout foirer. Je faisais chauffer la mixture dans un pot de bébé qui se fendillait et tout était gâché. Ou – plus tard, dans une chambre d'hôtel sans cuisinière ni micro-ondes – je faisais chauffer le pot avec un chalumeau de cuisine, et me cramais le bout des doigts.

C'est potentiellement moins risqué de se fournir auprès de quelqu'un qui sait baser la coke. Mais le fait de préparer mon propre crack m'ouvrait de nouveaux horizons : il y avait dix fois plus de gens qui vendaient de la cocaïne que du crack. Les transactions se déroulaient de façon relativement plus civilisée. Abstraction faite de mes incursions de dernier recours dans la cité des tentes, je me disais que je pouvais éliminer une part d'abjection de l'univers de la drogue.

Et voilà, c'était parti. Ma chambre étant près de la piscine, je passais des semaines entières sans quitter les jardins luxuriants nichés à flanc de colline du Chateau. Je cuisinais mon crack et fumais en boucle. De temps en temps, je sortais discrètement tard le soir et roulais pendant des heures dans Hollywood Hills – je sillonnais les virages de Mulholland Drive, parcourais les lacets de Laurel Canyon Boulevard dans un sens, puis dans l'autre. Malgré l'immense galaxie des lumières de Los Angeles qui s'étendait en contrebas, j'avais l'impression d'être projeté dans un tout autre monde, un monde sauvage, primitif et, à l'exception d'un hurlement de coyote au loin ou d'un cri effrayant d'oiseau, extraordinairement silencieux. Je regardais le soleil se lever dans le Runyon Canyon.

Inconsciemment, c'est là que je suis tombé amoureux de la Californie à laquelle je suis attaché aujourd'hui, celle des vallées indomptées et des créatures qui s'y tapissent. Malgré l'état insensé dans lequel je me trouvais, j'ai conservé ces images dans un coin de ma tête en me disant que cela pourrait devenir un refuge. Il y avait tant de belles choses à voir ici, encore fallait-il que je sois capable de garder les yeux ouverts pour les apprécier.

Parfois, je m'arrêtais pour écrire en hâte une lettre à Beau :

Cher Beau,

C'est totalement différent de ce qu'on avait imaginé toi et moi. Il n'y a pas que Beverly-Hills-plage. Il y a des chevaux et des montagnes. On a le sentiment d'une nature sauvage encore préservée. La ville est couverte de végétation et Hollywood Hills est magnifique, tu n'en reviendrais pas. Tu savais qu'il y avait des pumas et des coyotes, ici ? ICI !!! J'aurais aimé qu'on apprenne à surfer, tous les deux. Je me souviens quand on disait qu'on sillonnerait à moto la Pacific Coast Highway avec papa. Je regrette qu'on ne l'ait jamais fait.

Je t'embrasse,

Hunter

Puis je retournais à West Hollywood cuisiner et fumer en boucle.

Mes seuls contacts extérieurs se résumaient au gang de Samoans avec lesquels je traînais depuis qu'ils m'avaient été présentés par Curtis et sa petite amie. Durant les quatre ou cinq mois suivants, mon univers a été peuplé d'une faune nocturne opaque, sinistre, qui errait dans Los Angeles entre deux et huit heures du matin. Elle était essentiellement constituée de Curtis et sa bande de voleurs, de junkies, de petits dealers, de strip-teaseuses sur le retour, d'escrocs et de parasites en tout genre qui invitaient leurs amis, leurs associés et leurs dernières conquêtes. Ils m'avaient mis le grappin dessus et ne me lâchaient pas, et le tout avec mon consentement.

Je ne dormais jamais et n'avais plus aucune notion du temps. Le jour et la nuit se confondaient. Comme les rideaux étaient fermés en permanence, on ne voyait pas la différence. À un moment, j'étais si désorienté que j'ai demandé à un des parasites d'ouvrir les stores pour que je vérifie si c'était le jour ou la nuit.

J'en étais arrivé à avoir peur de dormir. Si je restais trop longtemps sans tirer une taffe, j'étais pris de panique. Je m'assoupissais quelques minutes, je me réveillais et aussitôt je demandais : « Où est le doseur ? » D'autres fois, je tendais la main pour prendre les cailloux que j'avais laissés sur une table de chevet et m'apercevais avec horreur qu'ils étaient éparpillés en miettes aux quatre coins de la chambre – quelqu'un avait laissé une fenêtre ou une porte ouverte. Je me mettais à quatre pattes pour scruter le sol et ratisser le tapis. La moitié du temps, je ne savais pas ce que je ramassais : « C'est un bout de parmesan du plateau de fromages qu'on a commandé hier ? Ou du crack ? » Peu importe, je le fumais quand même. Si c'était du crack, tant mieux. Sinon je tirais une taffe, je soufflais et m'exclamais : « Et merde, c'est du fromage ! »

C'était de plus en plus pitoyable. En conduisant je grignotais souvent du popcorn au cheddar que j'achetais dans une supérette et mangeais à même le sachet. Quand je me retrouvais brusquement à court de crack, j'inspectais les tapis de sol, les bacs de portière, les porte-gobelets à la recherche de la moindre trace de produit. Là encore, difficile de distinguer les miettes de crack des bouts de popcorn que j'avais laissés tomber. Je suis sûr que j'ai fumé plus de popcorn au cheddar que n'importe qui au monde.

Avec le temps, j'ai habitué mon corps à avoir de moins en moins besoin de sommeil. Au bout de trois jours d'affilée sans fermer l'œil, je marchais comme un zombie. Mais je résistais et rapidement mon corps se ressaisissait : j'avais l'impression de m'être réveillé à huit heures du matin, frais et dispos, après un week-end passé à tondre la pelouse et jouer au golf. Je fumais un peu et c'était reparti pour trois, six ou douze jours au même régime. Mon quota de sommeil hebdomadaire ne dépassait généralement pas dix heures. Un sommeil irrégulier et relativement peu réparateur– on était loin du sommeil paradoxal. Je piquais un somme ici et là dans la voiture, en attendant un dealer, aux toilettes, dans un transat au bord de la piscine de l'hôtel, entre deux défonces. Si je m'endormais pour de bon, je pouvais être sûr qu'un des marginaux qui squattaient mon bungalow viendrait me secouer pour me taxer quelque chose.

Il nous est tous arrivé d'être dans un lieu où nous ne pouvons pas nous permettre de mourir. Ce lieu, je m'y suis enfermé jour après jour, semaine après semaine, mois après mois. Je restais dans un endroit jusqu'à ce que je m'en lasse ou qu'il se lasse de moi, puis j'allais ailleurs, rapidement suivi de ma joyeuse bande d'escrocs, de pauvres types et de parias. Parfois la décision de partir était une question de disponibilité, à d'autres moments j'agissais sur un coup de tête.

J'ai ainsi quitté le Chateau Marmont une première fois pour un Airbnb à Malibu. Comme je ne pouvais pas le réserver plus d'une semaine, je suis revenu à West Hollywood, à l'hôtel Jeremy cette fois. J'ai ensuite séjourné au Sunset Tower, au Sixty Beverly

Hills, et au Hollywood Roosevelt. Puis dans un Airbnb de Malibu et un autre de Hollywood Hills. Puis retour au Chateau. Après quoi je suis allé au NoMad dans le centre, au Standard sur Sunset. Puis je suis retourné au Sixty, ensuite à Malibu… C'était partout pareil. Il m'arrivait de dessiner l'intérieur des chambres, mais je me suis vite aperçu qu'elles se ressemblaient toutes. Je commençais par accrocher la pancarte « Ne pas déranger » sur la porte, de sorte que la femme de ménage ne passait jamais. À la fin du séjour, sous la lumière dorée, la chambre luxueuse offrait un spectacle lamentable : draps de percale jonchant le sol, assiettes et plateaux du room-service entassés et téléphone de la chambre décroché en permanence.

Les dealers et leurs acolytes se succédaient jour et nuit telle une colonne de fourmis. Ils arrivaient en Mercedes dernier cri, vêtus de maillots oversize des Raiders ou des Lakers et arborant de fausses Rolex. Leurs copines strip-teaseuses invitaient d'autres copines qui invitaient leurs copains. Ils liquidaient le minibar, appelaient le room-service pour commander du filet mignon et une bouteille de Dom Pérignon – un jour une fille a même commandé un filet mignon pour son chien de manchon. Quand ils repartaient deux ou trois jours plus tard, ils embarquaient les serviettes monogrammées, les coussins, les couettes et les cendriers de l'hôtel.

Des videurs qui complétaient leur salaire minimum par des activités parallèles – drogues, filles, accès aux VIP rooms moyennant pourboire – s'étaient trouvé une nouvelle combine : moi. C'était leur business. Un soir, dans ma chambre, des femmes se sont mises à évoquer un type de Hollywood Hills qui avait créé un réseau social, gagné des millions voire des milliards et était devenu toxicomane. Elles décrivaient avec enthousiasme la ruée chez lui pour lui piquer ses téléviseurs, ses voitures et jusqu'au dernier cent sur son compte en banque. Elles en parlaient nonchalamment, de façon presque professionnelle, comme si elles échangeaient des conseils boursiers. La conclusion qu'elles en tiraient : « Il faut que j'y aille ! » Leur vie consistait à vampiriser les gens fortunés qui avaient sombré dans l'addiction.

Je considérais que je ne valais guère mieux qu'eux. J'étais tout aussi dépravé. Je fumais du crack tous les quarts d'heure. S'ils vivaient à mes crochets, c'est que je les laissais faire. Tant qu'ils ne touchaient pas à ma came, qu'ils ne m'empêchaient pas de consommer et ne causaient pas de scandales qui m'obligent à abréger mon séjour à l'hôtel, je m'en fichais complètement. La plupart apportaient leurs produits et ne s'occupaient que leur propre addiction : héroïne, meth, alcool. Quand je commençais à manquer du mien, je consommais le leur. Le désespoir a besoin de compagnie.

Je prenais une chambre pour une nuit, puis je demandais à la garder une nuit de plus, puis une autre et encore une autre. Quand la direction de l'hôtel ne voulait plus de moi, ils me disaient poliment mais fermement que la chambre était réservée et qu'ils étaient complets. D'autres fois, la réception m'informait que les clients se plaignaient du défilé permanent de bons à rien et me demandait de partir. J'estimais que c'était de la discrimination et je ne me privais pas de leur dire.

Une fois dans les nuées, je voyais arriver dans la chambre une pauvre âme sensible qui semblait avoir conservé une once de bonté ou de sollicitude. À mon réveil, je trouvais tous mes vêtements pliés et rangés dans les tiroirs de la commode. Je me disais : « Waouh, elle est vraiment adorable ! » puis je m'apercevais qu'elle avait plié mes vêtements après avoir pris tout ce qu'il y avait dans les poches. D'autres faisaient de même avec mes bagages ou ma voiture, que je retrouvais intégralement vidés.

Je ne comptais plus les portefeuilles et les cartes de crédit volés. Les dépenses se succédaient : mocassins Gucci, blazer à 800 dollars, valise Rimowa. Je me traînais jusqu'à l'agence Wells Fargo de Sunset pour demander à un guichetier de me faire une nouvelle carte. Ils me connaissaient tous. Ils m'adressaient en souriant à la même responsable, une femme pleine de patience. Elle commençait toujours par me dire : « On ne peut pas vous donner une nouvelle carte sans pièce d'identité. » Mais plus je venais, plus elle se montrait compatissante. « Hunter, me disait-elle en soupirant, comment faites-vous pour perdre constamment votre carte ? »

Le décalage entre la beauté que je voyais en parcourant les collines et la sous-culture sordide dont je m'abreuvais était déprimant, dévastateur. Ma vie était tellement glauque. J'ai encore le ventre noué à l'idée d'avoir claqué autant d'argent, de m'être laissé aller à considérer ces gens comme des amis. De tous les échanges qui ont eu lieu dans ces chambres, aucun n'a jamais été sincère ou instructif. Aucun. Je ne reconnaîtrais pas 90 % de ces gens si je les recroisais.

Mais à l'époque j'avais tellement sombré dans la dépendance que je les regardais me dévaliser sans rien faire pour les en empêcher – tant que le cycle de drogue, de sexe, d'épuisement et d'euphorie se répétait sans fin. C'était une débauche effrénée et ininterrompue. Je vivais dans un mélange de *Las Vegas Parano* et de *Permanent Midnight*, adapté de l'autobiographie d'un scénariste de la télévision qui raconte sa dépendance à l'héroïne qui lui coûtait 6 000 dollars par semaine. Encore aujourd'hui, ce film me rend malade tant j'y retrouve des parallèles sordides avec mes pires moments.

C'est un monde pétri d'une haine de soi qui ne fait que se

perpétuer. J'avais parfaitement conscience de toute sa dépravation. Je me dégoûtais. Je continuais sans cesse sans savoir comment arrêter. J'étais prisonnier d'une spirale sans fin dont je ne réussissais pas à sortir. Je m'étais éloigné de ma famille, de mes amis – de tout le monde. Je m'étais affranchi de toutes règles.

Cela vous endurcit de telle façon qu'il est difficile d'en revenir. Vous bannissez le meilleur de vous-même. Une fois que vous avez décidé que vous êtes le sale type que vous êtes devenu aux yeux de tous, vous avez du mal à retrouver le type bien que vous étiez avant. Au bout d'un moment, j'ai arrêté de le chercher : j'ai décrété que je n'étais plus celui que voyaient en moi les gens qui m'aimaient. Alors pourquoi continuer à me décevoir ? Pourquoi continuer à les décevoir ? Pourquoi ne pas simplement disparaître ? C'est tellement plus facile qu'on ne le croit.

Je maintenais le lien avec Beau. Mais même ce lien commençait à s'estomper. Au fil de l'été, les lettres que je lui écrivais dans mon journal semblaient plus futiles, plus embarrassées, moins confiantes dans l'idée que je finirais bien par m'en sortir.

Cher Beau,

Où es-tu ? Je suis là et ça va très mal, tu n'as pas idée. Je sais que tu es là mais j'ai besoin de toi. Je sais que papa est fou d'inquiétude pour moi, mais je ne sais pas quoi faire. Je trouverai une solution, mais j'ai quand même besoin de toi. Ça me manque tellement de ne pas pouvoir te toucher.

Je t'embrasse,

Hunter

Cher Beau,

Je te promets, je fais de mon mieux avec Natalie et Hunter. J'ai probablement tout foutu en l'air, mais je ne sais pas comment être là pour eux alors que je ne suis pas là pour moi. J'ai l'impression d'avoir trahi la seule promesse que nous ayons eue à nous faire : s'occuper des enfants l'un de l'autre.

Je t'embrasse...

Je n'ai jamais songé au suicide, du moins pas sérieusement. Mais je rêvais d'une échappatoire, de retrouvailles... – tout mais pas ça.

Cher Beau,

Comment veux-tu que ce soit moi qui reste ? Je ne sais pas si j'en ai la force. En restant là, je ne fais que causer davantage de souffrance. Quel mal y aurait-il à ce qu'on soit ensemble ?

Je t'embrasse...

Je disais à la famille dans le Delaware que je m'efforçais de me sevrer – ça ne voulait plus rien dire, à ce stade, mais peu importe. J'étais passé maître dans l'art de raconter n'importe quoi. Pendant quelque temps, ça a marché. Mes filles appelaient, je leur disais qu'elles me manquaient, que je les verrais bientôt, puis je raccrochais et je pleurais durant une heure. Même chose avec Natalie et Hunter. Après ces coups de fil, je me sentais plus esseulé, plus déprimé et plus dépendant que jamais, sans nulle part où aller et me détournant par conséquent de tout, m'apitoyant sur mon sort – le premier réflexe de tout addict – et pensant qu'ils seraient tous bien mieux sans moi. Ça m'arrangeait.

Mon père appelait aussi évidemment, je lui disais que tout allait bien. Mais au bout d'un moment, mes réponses se faisant de plus en plus laconiques et irrégulières, il ne me croyait plus. Lorsque j'ai cessé de répondre à ses appels et à ceux de mes filles, ce qui n'est arrivé que dans des circonstances extrêmes, il a envoyé la cavalerie : oncle Jim.

Oncle Jim est mon meilleur ami au monde et papa savait que si son plus jeune frère me demandait de faire quelque chose, je le ferais. Oncle Jim a lui aussi un superpouvoir : l'efficacité. Il a donc pris un vol pour Los Angeles, m'a extirpé d'une chambre du Hollywood Roosevelt et m'a dit : « J'ai trouvé un endroit. On y va. » Je l'ai suivi. Il m'a fait entrer dans un centre de désintoxication à Brentwood, où j'ai décroché pendant deux semaines. Puis j'ai passé quelque temps à Nichols Canyon, dans Hollywood Hills, avec un coach en sevrage. C'était fabuleux – la beauté, la tranquillité, le soutien –, jusqu'au jour où j'ai replongé.

Quel enseignement avais-je tiré de ce printemps et cet été de débauche ininterrompue ? Aucun. Si ce n'est que c'était l'horreur. Une horreur inimaginable.

10

Lost Highway

Mon avant-dernière odyssée au cœur de la dépendance s'est transformée en une version plus minable, plus glauque et plus solitaire de ma virée flamboyante dans le sud de la Californie.

Je suis revenu sur la côte Est. Les arbres n'ont pas tardé à perdre leurs feuilles et le ciel bas couleur d'ardoise semblait planer quelques centimètres à peine au-dessus de ma tête. Je ne me rappelle pas un seul jour durant les mois suivant mon retour qui n'ait été gris et nuageux, offrant une toile de fond de mauvais augure. En cet automne 2018, j'avais l'espoir de décrocher grâce à une nouvelle thérapie et de me réconcilier avec Hallie. Je n'ai réussi ni l'un ni l'autre.

Pour des raisons évidentes – mes longues disparitions, mon incapacité à me sevrer, son besoin d'avoir une vie personnelle et familiale stable –, Hallie et moi avons décidé de nous séparer. Notre relation ne nous était plus d'aucun soutien. Notre tentative de ressusciter Beau demeurait vouée à l'échec. Les répercussions ont été sans fin. J'ai essayé de tout expliquer à mes filles, mais comment auraient-elles pu comprendre une situation que j'avais moi-même du mal à comprendre ?

Ma seconde résolution était de décrocher. Je suis allé à Newburyport, dans le Massachusetts, un ancien fief de la construction navale devenu ville touristique à soixante kilomètres au nord de Boston. Un thérapeute y dirigeait un centre de bien-être où il pratiquait un traitement destiné aux toxicomanes à base d'injections de kétamine. Je m'y suis rendu à deux reprises : la première fois j'y suis resté environ six semaines, puis je suis revenu dans le Maryland avant d'y retourner pour deux semaines de suivi en février de l'année suivante.

Après de multiples essais infructueux, je savais que pour décrocher il ne me suffisait pas de m'entendre dire que la dépendance est une maladie exigeant une abstinence totale. C'est efficace pour beaucoup de gens et ça l'a parfois été pour moi, mais j'étais persuadé qu'il fallait que je me penche sur mes traumatismes profonds, liés en particulier à la mort de Beau. J'avais tenté une expérience similaire en 2014, à Mexico, où j'avais été traité avec un succès mitigé. Le traitement – d'abord à base d'ibogaïne, puis de 5-MeO-DMT, deux substances psychoactives – avait été hallucinant, au sens littéral du terme.

La thérapie à l'ibogaïne était étrange. Après l'avoir ingérée seul dans une pièce calme d'une clinique de Tijuana, j'avais vu ma vie défiler devant mes yeux image par image. Je ne me souviens pas de toutes les visions, mais je me rappelle que j'étais incapable de les contrôler – autrement dit, je ne pouvais pas les arrêter. Par ailleurs, j'étais paralysé, incapable de bouger ni les bras ni les jambes, rien ; je craignais de ne jamais remarcher. Une infirmière venait me voir régulièrement et le grincement de la porte me transperçait les oreilles comme des ongles crissant sur un tableau noir. Tout était plus intense. Ça avait été suivi par une période sombre, où j'avais eu l'impression d'être dans une profonde dépression. J'en étais sorti lentement et, douze heures après le début du traitement, c'était fini.

Puis on m'avait emmené dans une maison au bord de la

mer, à Rosarito, à une petite vingtaine de kilomètres au sud de Tijuana pour y suivre une thérapie à la 5-MeO-DMT, issue d'une substance sécrétée par le crapaud du désert de Sonora – c'est vous dire dans quel état je me trouvais. Une infirmière douce et intelligente m'avait assisté tout au long du traitement, qui avait duré une demi-heure environ – et m'avait paru trois heures, ou trois jours, ou trois ans. C'était une expérience profonde qui m'avait connecté de manière entièrement nouvelle à tous les gens qui faisaient partie de ma vie, vivants ou morts. Il n'y avait plus de séparation entre mon père, maman, Caspy, Beau et moi, ou du moins elle ne comptait plus. J'avais le sentiment que toute l'existence m'apparaissait soudain, dans son unité. Cela paraît fou, je le sais, pourtant, quoi qu'elle ait fait ou pas fait, cette expérience avait libéré des émotions et des blessures enfouies depuis trop longtemps. Elle m'avait servi de soupape. Je n'avais plus touché à rien pendant un an – jusqu'à cette séance de thérapie désastreuse avec Kathleen.

Le traitement à la kétamine s'est révélé tout aussi intense, tout aussi effrayant, mais loin d'être aussi efficace, ce qui était largement de ma faute. Mise au point à l'origine comme analgésique destiné aux animaux et employée par la suite pendant la guerre du Vietnam pour les anesthésies chirurgicales, la kétamine est aujourd'hui connue pour être une drogue festive – surnommée Special K – dont l'usage est illicite. Des chercheurs en médecine ont démontré son efficacité dans le traitement de la dépression et des troubles du stress post-traumatique. Elle a également été utilisée pour aider à rompre le cycle de la toxicomanie. La thérapie peut avoir des effets saisissants et hallucinogènes, mais cela reste cohérent et gérable. On décrit ce que l'on ressent ou ce que l'on voit. En ce qui me concerne, des peurs et des traumatismes anciens ont resurgi avec force : Beau et moi, un soir où nous nous étions couchés tard, craignant de découvrir au réveil que papa était parti ; nous deux nous regardant sur notre lit d'hôpital après l'accident ; l'accident lui-même... Pendant ces séances et après, j'avais envie plus que jamais de sentir la présence de mon père et mon frère, sentir en même temps leur lien physique et psychique – nous trois de nouveau réunis, ne formant qu'un. Je m'efforçais de comprendre comment nous pouvions rester soudés, mon père et moi, alors qu'il manquait une pièce aussi importante du puzzle. Cette distance me plongeait dans la culpabilité et la confusion. J'avais l'impression de tuer la seule chose qui puisse me donner de l'espoir.

Les résultats de la thérapie ont été désastreux. Je n'étais aucunement prêt à faire face aux émotions libérées ou provoquées par le fait de revivre des traumatismes physiques et affectifs longtemps refoulés. J'ai donc rechuté. J'ai fait très exactement ce que je voulais arrêter de faire en venant dans le Massachusetts : je restais clean pendant une semaine, je sortais du centre pour rejoindre un contact que j'avais trouvé à Rhode Island, je fumais et je revenais. Une chose que je savais parfaitement faire, en revanche, c'était de berner les gens au sujet de ma consommation. Entre deux séjours au centre, j'achetais même de l'urine clean à un dealer de New York pour passer les tests de dépistage. Naturellement, tous les efforts et le temps que j'y avais consacrés étaient réduits à néant. Je ne mets pas nécessairement en cause le traitement mais je ne pense pas que ce soit idéal de prendre de la kétamine quand on est sous crack.

En réalité, ce séjour dans le Massachusetts pour me soigner

n'était une fois de plus qu'une vaste blague. Je savais que le fait d'être en cure me permettait d'annoncer à ma famille qu'ils ne pourraient pas me joindre pendant le traitement. Je n'en étais pas à ma première fausse tentative de sevrage. Quelle que soit la thérapie, il est impossible de guérir sans être totalement investi. Le *Gros Livre* des Alcooliques anonymes – la bible de l'addiction écrite par le fondateur du groupe, Bill Wilson – le dit clairement : « Les demi-mesures n'ont rien donné. » Moi, à ce stade de ma vie, j'étais devenu un expert des demi-mesures. Le thérapeute de Newburyport a fini par me dire en soupirant avec toute la compassion dont il était capable : « Hunter, ça ne marche pas, inutile de continuer. »

J'ai repris le chemin du Delaware mais je n'étais pas en état d'affronter qui que ce soit ou quoi que ce soit. Pour éviter et l'un et l'autre, je me suis arrêté à New Haven.

Pendant les trois ou quatre semaines suivantes, j'ai vécu dans des motels miteux de part et d'autre de l'Interstate 95, entre Newbury et Bridgeport. Fini les bungalows à 400 dollars la nuit et leur défilé incessant de bling-bling dégénérés, désormais c'étaient les bas-fonds du Connecticut à 59 dollars la nuit et leur population de dealers, de prostituées et de grands toxicomanes – comme moi.

Je n'avais plus un pied dans la bonne société et l'autre en dehors, à présent j'évitais tout contact avec elle. Je ne me déplaçais quasiment plus, sinon pour m'approvisionner. Je passais mes journées en tête à tête avec mon doseur dans un Super 8 minable, totalement largué. J'employais toute mon énergie à fumer du crack et m'en procurer – pour nourrir la bête. Pour faciliter les choses, j'avais repris le même rythme de sommeil qu'à Los Angeles, autrement dit, je ne dormais jamais.

Je n'avais plus grand-chose de ce qu'il est convenu d'appeler un « respectable citoyen ». Le crack est un grand niveleur...

Comme en Californie – et comme presque partout ailleurs depuis le début de ce cauchemar –, chaque jour était identique au précédent. L'alternance traditionnelle entre le réveil et le coucher était abolie.

Si je connaissais mon vendeur de crack – en d'autres termes, si je m'étais déjà fourni auprès de lui et avais son numéro de téléphone –, je m'organisais pour lui en acheter dès que mon stock commençait à baisser. Quand je réussissais à le joindre, on se donnait presque toujours rendez-vous aux heures les plus insolites et dans les quartiers les plus malfamés de la ville. Dans tout cela, il y a un facteur impossible à contrôler : l'attente.

Aucun dealer ne travaille en fonction des impératifs de l'usager. Vous convenez donc de le retrouver par exemple devant un 7-Eleven dans telle ou telle rue, puis vous attendez dans votre voiture. Longtemps, très longtemps. Une heure passe, toujours personne. Il ne répond pas au téléphone, vous commencez à flipper. Les clients défilent dans la supérette et le vendeur n'arrête pas de vous regarder en se demandant pourquoi vous stationnez là depuis deux heures. À ce stade, vous êtes totalement à cran, en manque, épuisé et vous avez de plus en plus de mal à garder les yeux ouverts. Vous rappelez le dealer deux, trois, dix fois. Il ne répond toujours pas. Le vendeur de la supérette continue à vous regarder. Quelques heures plus tard, le dealer arrive. Sans fournir la moindre explication pour son retard. Et la plupart du temps il n'a pas la quantité promise ou demande plus que le prix sur lequel vous vous êtes entendus. Il faut toujours passer par une négociation à la con. Vous finissez par prendre ce qu'il a en espérant que le produit est fiable – très souvent il est tellement coupé avec une quelconque substance ressemblante qu'il ne vaut rien. Vous rappelez le type trois ou huit heures plus tard, et c'est reparti pour le même numéro. Indéfiniment, à n'importe quelle heure du jour ou de la nuit. C'est une existence absolument intenable, d'une monotonie effrayante. Vous regardez toujours les mêmes films à la télé, vous écoutez les mêmes morceaux sur votre iPod et vous n'avez qu'une idée en tête : comment vous procurer la prochaine dose.

Les motels où je m'arrêtais étaient fréquentés par des toxicos qui avaient besoin d'argent pour financer leur consommation et payer leur chambre. Ils avaient entre une petite vingtaine et une cinquantaine d'années. Ils étaient faciles à repérer. Ils regardaient fixement par la fenêtre ou traînaient devant leur porte, en quête d'un éventuel contact. Les chambres étant les unes en face des autres ou donnant sur un parking, quand on observait par la fenêtre un certain temps, on voyait qui était susceptible d'avoir du crack ou de savoir où en trouver. Au bout d'un moment, quelqu'un venait dans ma chambre me vendre quelque chose directement ou me donner un contact moyennant une commission. Le type à peine reparti, je me rendais compte que ma montre, ma veste ou mon iPad avait disparu.

Le plus frustrant, c'est quand on me disait qu'untel avait paraît-il de la bonne marchandise mais qu'il était à Stamford, à une heure de là. J'y allais, j'attendais une heure dans un parking. Un type finissait par se pointer sans rien sur lui, puis passait dix coups de fil avant de m'annoncer qu'il connaissait quelqu'un à Bridgeport, à une demi-heure de là. Je reprenais la 95 en sens inverse et me retrouvais à attendre une heure de plus devant une épicerie. Parfois ça payait, parfois non. Je me suis déplacé pour rien un nombre incalculable de fois.

Un jour, j'ai vu quelqu'un entrer dans une chambre, en ressortir un quart d'heure plus tard et se diriger vers sa voiture. Dans un univers peuplé d'anciens repris de justice qui n'avaient pas ou plus le permis et demandaient constamment qu'on les dépose quelque part, ce type se démarquait. Il était propre, bien coiffé et sûr de lui. Sans être prétentieux. Il avait des airs de... propriétaire. Je l'ai rattrapé juste avant qu'il ne sorte du parking et lui ai posé la question rituelle : « Tu as du caillou ? » Dans ce genre d'échange, soit j'avais affaire à un arnaqueur qui allait me plumer, soit c'était un contact régulier. C'est ainsi que j'ai rencontré John, qui était l'un et l'autre.

John était un dealer de New Haven qui avait déjà passé dix ans en prison pour avoir vendu du crack. À ses yeux, il n'avait pas d'autre solution, il avait une famille à nourrir. De sa voix grave de baryton savamment modulée, il m'a parlé de sa vie et de ses enfants. Il discutait des événements internationaux. Il avait une qualité rare dans cet univers particulier : il était intéressant. Je finissais par croire tout ce qu'il me disait parce que j'en avais envie – parce que je ne pouvais pas faire autrement. John ne se montrait jamais menaçant, il ne haussait pas même le ton. Son pouvoir était bien plus avilissant.

Tout comme Curtis à Los Angeles, il savait feindre l'empathie. Mais Curtis procédait à grands traits facilement décelables que je préférais ignorer. Ce n'était pas un dealer à plein temps. Manager de musique en herbe et escroc touche-à-tout, il avait d'autres sources de revenus. Il pouvait se permettre de manifester un peu d'humanité. Il me prenait à part pour m'encourager à décrocher. Il savait que j'étais en train de me tuer et me le disait, mais quasiment dans la foulée il me refourguait du crack et continuait à faire la fête. John, lui, était davantage un miniaturiste, un enjôleur qui manipulait en finesse la psyché humaine. Aussi insignifiant soit-il en apparence, le moindre de ses gestes était voulu, lourd de sens. Il manifestait de petites attentions symboliques qui, dans cet univers ultra-mercantile, prenaient une importance démesurée. Il m'achetait un sandwich et une bouteille de jus d'orange dans une supérette avant de venir me déposer du crack. « Il faut manger, Hunter, insistait-il en déversant le contenu du sac sur le lit de ma chambre de motel. Il faut t'hydrater. » Il me rendait visite de temps en temps uniquement pour voir comment j'allais, si j'avais besoin de quelque chose, s'assurer que je prenais soin de moi. Évidemment, ces marques de gentillesse n'étaient qu'un moyen de me séduire, de gagner ma confiance. Souvent, il exigeait ensuite des choses de moi à n'importe quelle heure du jour ou de la nuit. S'il me manquait 5 dollars sur les 200 que je lui devais, il insistait pour que j'aille immédiatement les retirer dans un distributeur – alors que c'était précisément ce que lui avaient coûté le jus d'orange et le sandwich qu'il m'avait achetés dans une supérette. Ou alors il disait que la veille il m'avait donné plus de produit que ce qui était prévu et que je lui devais à présent 100 dollars de plus. Ou encore il ne répondait pas au téléphone pendant huit heures après être passé prendre de mes nouvelles et m'avoir dit que je pouvais l'appeler n'importe quand. Quand j'étais à bout de patience, il me rappelait en disant qu'il arrivait et il m'apportait un thermos de soupe préparée par sa femme.

C'était le b.a.-ba du dealer, comme on le voit dans les séries. Si ce n'est que je ne pouvais pas le renvoyer. John était un contact fiable, sérieux, qui me permettait en général d'éviter tous les autres abrutis qui présentaient beaucoup de ses inconvénients sans aucun de ses avantages. Il avait l'art de me rendre dépendant de lui, de sorte que je me soumettais à ses horaires, à ses caprices. Une fois qu'il m'eut mis le grappin dessus, il a augmenté ses tarifs et continué à me forcer à me plier à ses quatre volontés. Je l'attendais dans un parking depuis déjà une heure, il appelait pour dire qu'il arrivait et se pointait quatre heures plus tard.

Il savait que je ne le lâcherais pas. Le moindre de ses faits et gestes renforçait le pouvoir qu'il exerçait. Il m'humiliait, ce qui était son objectif. Et plus il y parvenait, plus j'étais sous sa coupe. Il avait une source régulière de revenus et moi une source régulière de crack, aussi exaspérante soit-elle. Cela créait une tension constante entre nous : il était à la fois mon geôlier et mon sauveur. J'imagine que c'est un peu comme le syndrome de Stockholm. Les toxicomanes font constamment l'objet de mauvais traitements, le plus souvent intentionnels. Cette maltraitance perpétue la dépendance en entretenant l'image dévalorisée que le toxicomane a de lui-même et sur laquelle le dealer capitalise.

Une chose est sûre : malgré les heures de retard et les prix exorbitants qu'il exigeait, dès la première taffe, j'étais envahi par une sensation merveilleuse de soulagement.

Personne n'avait jamais exercé une telle emprise sur moi. Personne n'avait jamais joué un jeu aussi cruel. Je ne m'étais jamais senti piégé aussi profondément dans l'abîme de la dépendance. Alors, seul dans la pénombre d'une chambre de motel pleine de moisissures, sans pouvoir joindre ni être joint par qui que ce soit, je faisais parfois appel au seul soutien affectif qu'il me restait : le « Je vous salue Marie. »

Je le répétais inlassablement.

Je vous salue, Marie, pleine de grâce
Le Seigneur est avec vous...

J'ai été élevé dans le catholicisme et j'ai travaillé pour les Jésuites, mais chez moi l'efficacité de la prière dans les moments de détresse n'est pas liée à une foi inébranlable en l'Église. C'est une prière que tous les enfants catholiques apprennent vers six ou sept ans, mais que je connaissais bien avant. C'est la prière que ma grand-mère nous récitait tous les soirs quand elle venait nous border, Beau et moi. Elle se mettait à côté de nous et nous grattait le dos en nous parlant de maman, de la femme merveilleuse qu'elle était. Quand elle voyait que nos yeux commençaient à se fermer, elle récitait à voix haute trois « Je vous salue, Marie » et un « Notre Père ». Une fois qu'elle était sortie de la chambre, Beau me lançait de son lit : « Bonne nuit, mon pote. À demain » et je devais lui répondre : « OK. » Si jamais je disais autre chose ou me taisais – ce qu'il m'arrivait de faire histoire de le taquiner comme n'importe quel petit frère –, il me harcelait jusqu'à ce que je réponde comme convenu. Pour lui, c'était un rituel superstitieux réellement obsessionnel. Tant qu'il me disait : « Bonne nuit, mon pote. À demain » et que je lui répondais : « OK », il croyait que rien ne pouvait nous empêcher de nous retrouver le lendemain au réveil.

J'ai rejoué bien des fois cette scène du coucher dans les tristes petites chambres des motels qui jalonnaient la 95. Au milieu du grondement étouffé des poids lourds, des bavardages et des rires idiots des clients qui montaient du parking, je lançais à voix haute dans l'obscurité : « Bonne nuit, mon pote. À demain. » Personne ne me répondait, naturellement, ce qui rendait l'absence de Beau plus criante encore. Parfois, je me réveillais en panique car le cauchemar que redoutait tant mon frère s'était réalisé – personne n'avait répondu : « OK », et à présent Beau n'était vraiment plus là. Alors je psalmodiais le « Je vous salue, Marie » à la manière d'un mantra ou d'un cantique. Certains soirs, je le récitais pendant ce qui me semblait être des heures. Je n'arrivais pas à dormir et ne pouvais pas m'empêcher de le répéter, sous peine d'être de nouveau submergé par la douleur de la disparition de Beau.

Je vous salue, Marie, pleine de grâce
Le Seigneur est avec vous...

Un beau jour, après trois ou quatre semaines de cette existence démente, ma mère Jill m'a appelé pour me dire qu'elle organisait un dîner de famille à la maison, que ce serait bien que je vienne, que je passe même quelques jours dans le Delaware. Ce serait formidable, il y avait une éternité que nous ne nous étions pas retrouvés tous ensemble. J'étais dans un sale état, mais l'idée était tentante. J'ai quitté le parking du motel, dit adieu à tout cela et pris la direction de Wilmington.

Je suis arrivé un vendredi soir, il me semble. Je suis entré dans la maison qui était toujours aussi joyeuse et accueillante et je suis tombé sur mes trois filles. J'ai aussitôt deviné qu'il se tramait quelque chose : Naomi était venue de New York où elle était en fac de droit à Columbia, Finnegan débarquait de Philadelphie où elle étudiait à Penn, et Maisy, qui était en dernière année de lycée, était venue de chez Kathleen à Washington. J'ai alors remarqué que mon père et ma mère souriaient avec embarras, visiblement attristés. Puis j'ai reconnu deux thérapeutes d'un centre de désintoxication de

Pennsylvanie où j'étais allé une fois. C'était donc ça. « Hors de question », ai-je dit. Mon père a soudain eu l'air terrifié. « Je ne sais pas quoi faire, s'est-il exclamé. J'ai tellement peur. Dis-moi ce que je dois faire. » J'ai répondu platement : « Tout mais pas ça. »

C'était abominable. J'étais abominable.

À partir de là, ça a viré à la débâcle d'émotions et de souffrance. J'ai refusé de discuter avec les thérapeutes, refusé de discuter avec mon père. Tout le monde pleurait, ce qui me rendait encore plus furieux. « N'essaie plus jamais de me piéger », ai-je lancé à mon père avant de me précipiter dehors. Il m'a couru après dans l'allée. Il m'a attrapé, forcé à me retourner et pris dans ses bras. Il m'a serré longuement dans l'obscurité en pleurant toutes les larmes de son corps. Ils étaient tous sortis. Quand j'ai voulu remonter dans ma voiture, une de mes filles a pris les clés en hurlant : « Tu ne peux pas partir, papa ! » et je lui ai crié à mon tour : « Je t'interdis ! » Je m'en suis pris à ma mère pour m'avoir trompé. Puis à quelqu'un d'autre, je ne sais plus qui. C'était une scène d'une violence effrayante pour eux.

J'ai finalement accepté d'aller dans un centre de désintoxication, mais pas celui d'où venaient les deux thérapeutes. J'ai inventé une excuse bidon – une de plus. Papa m'a imploré : « Tout ce que tu voudras. Je t'en prie ! » Dans ce genre de situation de crise, je pouvais être parfaitement opérationnel. Je lui ai dit que j'irais dans un autre centre, non loin de là, dans le Maryland. Quelqu'un a immédiatement téléphoné pour tout organiser. Hallie est venue le soir même pour m'y emmener. C'était fini entre nous, mais j'imagine que nous avions encore suffisamment d'affection l'un pour l'autre. Nous nous sommes disputés pendant quasiment tout le trajet, puis nous n'avons plus échangé un mot. Quand nous sommes arrivés au centre de cure, je lui ai demandé de me déposer devant. Je suis entré dans le hall et dès que je l'ai vue s'éloigner, j'ai appelé un Uber. J'ai dit au personnel du centre que je revenais le lendemain, puis quand le chauffeur est arrivé, je lui ai demandé de m'emmener à Beltsville, près de l'aéroport international Baltimore-Washington, où j'ai pris une chambre d'hôtel.

Les deux jours suivants, tandis que tous ceux qui étaient chez mes parents ce soir-là me pensaient bien sagement au centre, je suis resté enfermé dans ma chambre à fumer le crack que j'avais caché dans mon sac de voyage. Puis j'ai pris l'avion pour la Californie, et une fuite effrénée a commencé.

Jusqu'à ce que je rencontre Melissa.

11

Sauvé

Quand j'ai atterri à Los Angeles en mars 2019, je n'avais d'autre projet que de répondre aux exigences constantes de la pipe à crack. Et une seule idée en tête : disparaître pour de bon. C'était le seul objectif que je m'étais fixé.

Même quand j'étais au plus bas, une voix tout au fond de moi m'avait toujours empêché de plonger en chute libre. C'est pour cela que j'avais laissé mon oncle Jimmy m'extraire de ma chambre d'hôtel de West Hollywood quelques mois auparavant pour m'escorter jusqu'à un centre de désintoxication. La tentative de sevrage s'était soldée par un fiasco au bout de trois semaines, mais elle m'avait laissé une lueur d'espoir et de volonté de m'extirper du gouffre dans lequel je me trouvais. C'est ce qui explique que j'aie choisi la thérapie audacieuse à la kétamine que j'étais allé suivre dans la froide grisaille du Massachusetts cet hiver-là, quand bien même elle avait lamentablement échoué.

Je faisais un pas en avant et dix en arrière – mais du moins j'essayais. Je ne voulais pas sombrer dans les sables mouvants de la dépendance. Je ne voulais pas que ces tentatives soient vaines. C'est juste que je ne savais pas comment faire pour qu'elles aboutissent.

J'avais envie de rencontrer quelqu'un qui soit en dehors de la bulle asphyxiante de la dépendance – quelqu'un avec qui je n'aie aucun passé commun, aucune histoire, et à qui je ne doive ni explications ni excuses. Je voulais parler à quelqu'un qui ne soit ni un dealer, ni un membre de gang, ni un videur, ni une strip-teaseuse. Trois ans auparavant, à Amman, alors même que je rêvais des mignonnettes de vodka de ma chambre d'hôtel, j'étais encore capable de discuter en tête à tête avec le roi de Jordanie du sort des réfugiés syriens, de la dynamique du Moyen-Orient et des obligations existentielles que m'imposait le fait d'être le fils d'un grand homme. Je croyais alors être au plus bas – je croyais avoir touché le fond de la dépendance.

À l'époque, j'espérais encore me remettre à peindre, j'espérais encore que les notes de mon journal intime deviendraient un jour un livre, je rêvais encore tous les jours de prendre mes filles dans mes bras. Si seulement je pouvais trouver un nouveau traitement, une nouvelle approche, une nouvelle bouée de sauvetage, je me disais que je pouvais réussir à m'en sortir. Durant les quatre ans ou presque de dépendance active qui avaient précédé ce voyage en Californie et au cours desquels j'avais fait une demi-douzaine de cures de désintoxication, c'est ce que je m'étais répété après chaque échec. Même dans les pires moments, je croyais tout comme Beau que, bien ou mal, cela faisait partie du processus.

Cette fois cependant, quand je suis descendu de l'avion à Los Angeles, il était clair que toutes les options auxquelles je m'étais raccroché jusqu'alors étaient des chimères. J'ai arrêté sciemment de prétendre que je guérirais un jour. Je me suis précipité tête la première dans le vide.

Il est difficile de décrire combien la dépendance peut vous

plonger dans la paralysie et le désespoir, jusqu'à quels abîmes on peut tomber et dégringoler toujours plus bas – si bas, dans ce cas, que c'en était inconcevable. Jamais je n'avais éprouvé un tel sentiment de danger et d'attraction fatale qu'en cette période. Je me suis totalement abandonné à mes pulsions les plus sombres. Comme quelqu'un qui achète une arme chez un prêteur sur gages, j'avais parfaitement conscience de la mort que je choisissais.

Disparaître était mon seul réconfort. Cela signifiait mettre fin à la souffrance. Ne plus avoir à me soucier de décevoir mon frère, même si je savais que Beau n'aurait jamais pensé cela. J'ai arrêté de lui écrire des lettres, sentant que je n'avais plus rien de sincère à lui dire. Disparaître, c'était se délivrer de tout sentiment. Quand on pense avoir une raison de vivre, cela nous oblige à trouver le courage et l'énergie de nous battre. Moi, je n'avais plus envie de me battre.

J'ai fait taire la voix intérieure qui m'incitait à décrocher et reconstruire ma vie. Rien de plus facile : je l'ai noyée sous des quantités de drogue de plus en plus massives. Je ne me disais plus, comme je me l'étais toujours dit à un moment ou à un autre quand je me défonçais non-stop : « Je vais continuer jusqu'à ce que… » Je ne disais plus *jusqu'à ce que*. Je ne terminais plus la phrase. J'ai renoncé à tout. J'ai arrêté d'essayer de leurrer les autres en leur faisant croire que tout allait bien. De me leurrer moi-même.

J'en avais assez de m'efforcer de retrouver le chemin d'un monde que je connaissais depuis toujours. J'en avais assez de chercher un moyen de réintégrer un cabinet d'avocats. Assez du monde de la politique, de me demander comment, le cas échéant, faire campagne cette année pour mon père comme je l'aurais fait pour n'importe quelle élection. Assez d'inventer des excuses pour justifier le fait de vivre où je vivais et de faire ce que je faisais.

J'étais accro au crack, un point c'est tout. Et puis merde.

À ma descente d'avion, j'ai aussitôt appelé un de mes contacts. J'ai pris un Uber pour rejoindre ma voiture que j'avais laissée dans le garage du gérant d'un endroit où j'avais séjourné quelque temps. (Pour l'anecdote, ce type qui était un des amis que je fréquentais à l'époque à L.A. avait essayé de vendre la voiture.) Puis je suis directement allé récupérer du crack.

Le mois et demi suivant est noyé dans le brouillard. N'y voyez pas une dérobade ou une perte de mémoire. Toute la période qui a suivi mon retour à Los Angeles n'a été littéralement qu'un brouillard de débauche absolue. Je ne faisais que boire et me droguer.

J'ai passé les premières semaines dans un Airbnb de Malibu. C'est plus ou moins à cette époque que Rudy Giuliani a lancé ses premières attaques contre moi, en prévision de la candidature de mon père à la présidence. Concentrées sur mon travail au sein de Burisma, elles comportaient des détails douteux récoltés lors de ses « entretiens » – autrement dit des déjeuners et des dîners copieusement arrosés – avec les anciens procureurs généraux Viktor Chokine et Youri Lutsenko, qui faisaient tous deux l'objet d'accusations de corruption. Cette campagne de dénigrement a débuté brusquement, sans crier gare. Personne ne m'a appelé pour me prévenir de ce qui m'attendait. Je ne l'ai appris qu'en consultant le fil d'actualités d'Apple News sur mon iPhone.

Je n'y comprenais rien. J'ai regardé une vidéo dans laquelle Giuliani semblait totalement cinglé. Il avait l'air ivre, mais de façon presqu'intentionnelle, comme s'il voulait exciter davantage encore la base des admirateurs de son patron. Ses accusations et ses insinuations étaient si extravagantes, si éloignées de toute réalité que je me suis même dit qu'il se tirait une balle dans le pied. Je voyais mal en quoi cette offensive pouvait représenter une menace, même lorsque Trump est intervenu. Breitbart et toute la clique de droite se sont empressés de se joindre à eux et de déverser leur série habituelle de désinformations. Ils m'attaquaient non seulement sur les liens que j'entretenais avec Burisma, mais aussi sur mes activités de lobbying et sur le premier emploi que j'avais occupé dans le Delaware en sortant de la fac de droit. Ils remettaient en cause le fait que j'avais été propulsé au sein du programme de formation des cadres dirigeants de MBNA, en oubliant de mentionner que j'étais diplômé de la faculté de droit de Yale et que ce n'étaient pas les opportunités qui me manquaient.

Ces attaques ont poussé des médias d'information plus conventionnels à effectuer un véritable travail d'enquête puis publier des articles et diffuser des sujets qui contredisaient ces allégations. Mais ce faisant, chacun de ces articles et ces sujets réalisés au nom de l'objectivité journalistique répétait les accusations à mon encontre. C'est devenu un de ces cycles prévisibles de l'écosystème médiatique qui parvient à répandre des contrevérités tout en les réfutant – Trump et Giuliani comprennent ce système comme seuls le peuvent des savants fous. Cela n'a fait que m'enfoncer un peu plus et me persuader davantage encore que je ne pouvais pas revenir en arrière. J'ai arrêté de répondre à mon père et mes filles qui m'appelaient constamment, ne décrochant qu'occasionnellement pour leur assurer que j'étais en vie et cherchais à me faire aider, ce qui me donnait un prétexte pour me réenfouir dans l'oubli.

C'est à cette époque qu'Adam Entous, un journaliste du magazine *New Yorker*, lauréat du prix Pulitzer, m'a demandé par mail s'il pouvait m'interviewer pour un article qu'il écrivait sur Burisma et le lien qu'il y avait entre mon rôle au sein de l'entreprise et la lutte que menait mon père contre la corruption en Ukraine. Il disait qu'il voulait simplement élucider les allégations avancées contre moi. J'avais une passion pour ce magazine quand j'étais plus jeune et que j'avais d'autres aspirations. Je dévorais tous les numéros de bout en bout – poésie, fiction, tout. Je pensais qu'il n'y avait rien de plus prestigieux pour un écrivain que d'être publié dans le *New Yorker*, le *Paris Review* ou *Poetry*. Ce n'était pas du snobisme mais du respect. C'est la raison pour laquelle j'ai rappelé Adam, même si je ne le connaissais pas personnellement. Rapidement, nous avons commencé à discuter au téléphone presque tous les soirs pendant plusieurs semaines.

Les conversations qui au début portaient sur mes affaires, dont nous avons abondamment parlé, se sont rapidement transformées en grand déballage. Du point de vue d'Adam, l'article cherchait à expliquer mon rôle dans une compagnie énergétique ukrainienne. Pour moi, c'était l'opportunité non seulement de donner ma version des faits, mais également de crier au monde : « Je suis là ! » – pour répondre avec force au « Où est Hunter ? » de Trump. J'ai décidé de ne plus dissimuler qui j'étais. On voulait connaître ma vie ? On allait tout savoir, dans les détails les plus scabreux. Et puis merde.

Alors j'ai parlé, parlé. Tous les soirs, où que je sois, je posais mon portable sur une table devant moi ou sur ma poitrine si j'étais étendu sur un lit d'hôtel, je mettais le haut-parleur et répondais à toutes les questions qu'Adam me posait de son bureau, chez lui à Washington, d'où il m'appelait après avoir couché ses enfants. Au début, je ne lui ai pas dit que je fumais régulièrement du crack. Peu après le début de ces séances, on a moins entendu parler de Giuliani pendant un moment et je me suis installé au Petit Ermitage, un hôtel discret couvert de lierre niché dans une rue calme entre Sunset Boulevard et Santa Monica Boulevard, à l'écart du vacarme. En passant devant un jour, j'avais été frappé par son charme mystérieux et y avais pris une chambre.

Je n'ai pas prévenu mon père ou son équipe de campagne de l'interview du *New Yorker*. Je ne voulais pas que les chargés de communication s'en mêlent. C'était à peine quelques semaines avant qu'ils n'annoncent officiellement, par une vidéo publiée le 25 avril au matin, que Joe Biden se présentait aux élections présidentielles de 2020 – se joignant à la bataille pour « l'âme de la nation », comme le disait mon père. Je savais pertinemment comment ils réagiraient à l'article, qui devait paraître début juillet, juste après le premier débat des primaires : ils s'affoleraient et feraient tout pour l'empêcher de sortir.

Moi, je savais quel serait en réalité l'effet de cet article : immuniser tout le monde contre mes faiblesses personnelles. Je voulais qu'il paraisse afin que mon père n'ait pas une épée de Damoclès au-dessus de la tête. Aucun média de l'opposition ne viendrait ainsi annoncer au beau milieu de la campagne qu'il s'apprêtait à révéler l'addiction au crack de Hunter, obligeant notre camp à chercher une parade en catastrophe. J'évacuais le problème. Qui plus est, la décision de voter ou non pour mon père n'avait rien à voir avec le fait que son fils était toxicomane. Même Trump savait ça.

En somme je savais très bien ce que je faisais. Je savais que, quoi qu'il arrive, notre famille serait attaquée et notre vie chamboulée. Si nos ennemis politiques ne s'en prenaient pas à moi, ils agresseraient un de mes proches. La seule question que devait se poser mon père pour décider de se présenter ou non à l'élection présidentielle était la même qu'en 2016 : « Est-ce que ça en vaut la peine ? »

Dans notre famille, il le savait, tout le monde pensait que ça en valait la peine. Personne ne lui a jamais dit : « Ne fais pas ça, Joe, s'il te plaît, ils vont m'assassiner. » Cela ne fait pas partie de notre vocabulaire, ce n'est pas ainsi que nous jaugeons un paysage politique. Il savait que j'étais en pleine débâcle. Mais le fait que mon père se soit tout de même présenté témoigne de la confiance qu'il a en moi.

Ce à quoi je ne m'attendais pas en acceptant d'être interviewé pour le *New Yorker*, c'est que l'expérience soit aussi cathartique. Soir après soir, ces conversations devenaient de véritables séances de thérapie. Je parlais à Adam de Beau et mon père et de l'importance qu'ils avaient pour moi, de mes choix personnels et professionnels, de mon alcoolisme et ma toxicomanie. Je ne m'étais jamais livré avec une telle honnêteté, hormis devant un thérapeute, un ami ancien toxicomane et ma famille. Je lui ai raconté en toute sincérité comment j'en étais arrivé là. Inconsciemment, ce processus me rattachait aux seules sources constantes d'amour que j'avais connues depuis ma naissance : mon frère et mon père. Sur l'instant, je ne le réalisais pas, mais le fait d'expliquer ces relations est la seule chose qui m'ait permis de garder les yeux suffisamment ouverts pour reconnaître le salut quand il s'est enfin présenté : je crois réellement que je n'aurais pas été capable de voir en Melissa la femme qui devait occuper une telle place dans ma vie si je n'avais pas exploré ces relations cruciales durant ces entretiens. C'est un petit miracle.

Malgré tout je consacrais les vingt-deux heures restantes de la journée à m'évertuer par tous les moyens possibles et imaginables à tout enfouir sous un déluge de crack et d'alcool. Aussi intime soit-elle, cette confession au *New Yorker* était un exercice relativement facile car je pensais que c'était la dernière fois que je me livrais ainsi. Je ne cherchais pas à ouvrir la voie pour me réinsérer dans la société. J'étais convaincu que cet article accélérerait ma disparition – qu'après m'être montré sous mon véritable jour, sans gêne ni regret, je ne serais plus le bienvenu dans le monde que j'avais laissé derrière moi. C'était l'occasion pour moi de leur dire à tous : « Voilà ce que je suis, bande d'enfoirés, et je ne suis pas près de changer ! »

J'ai repris ma folle équipée dans L.A., si ce n'est qu'à présent je ne me souciais plus guère des relations que j'entretenais avec le monde dit « normal ». À ce stade, ce monde se bornait essentiellement à la direction et au personnel du Petit Ermitage. Le cortège habituel de dealers et de parasites défilait constamment dans ma chambre sans que ni eux ni moi fassions preuve de la moindre prudence. Même à Los Angeles où tout le monde joue les caïds, on détonnait : je recevais des visiteurs à quatre heures du matin qui semblaient tout droit sortis d'un film de Quentin Tarantino. Parfois je cachais mon attirail quand la femme de chambre arrivait, parfois non. Mes affaires jonchaient le sol avec les doseurs, les pochons et le bicarbonate de soude dont je me servais pour baser moi-même ma cocaïne. Ma chambre à 300 dollars la nuit avait des allures de crack-house dévastée par une bombe.

Comme d'habitude, je réservais la chambre pour une nuit, ne voulant pas ou ne pouvant pas prévoir quoi que ce soit. J'appelais la réception tous les matins pour demander de la garder une nuit de plus. Ce fonctionnement a pris fin au bout de deux semaines environ. Un soir où Curtis était venu prendre un verre au bord de la piscine du toit-terrasse, il s'est saoulé et a failli se bagarrer avec un grand costaud ivre mort qui roulait des mécaniques et se comportait comme un connard fini. Un peu plus tard dans la soirée, quand Curtis a pris l'ascenseur avec moi pour redescendre du toit-terrasse, au troisième étage, l'abruti avec lequel il avait failli en venir aux mains est monté avec nous. Curtis l'a transpercé de son regard le plus menaçant – qui est sacrément intimidant, croyez-moi. Nous sommes ressortis de l'ascenseur sans incident, mais le type a ensuite dit au vigile que Curtis l'avait menacé en lui montrant son pistolet. Un responsable de l'hôtel m'a appelé le lendemain matin dans ma chambre pour me dire qu'un client s'était plaint d'avoir été menacé de mort par un de mes invités. Je lui ai répondu que c'était très exagéré et que l'incident était clos. Quand j'ai appelé la réception un peu plus tard pour demander à rester une nuit de plus, comme d'habitude, on m'a répondu que ma chambre avait déjà été réservée pour la semaine suivante et qu'il n'y en avait aucune autre disponible.

Ce n'était pas la première fois que ça m'arrivait, loin de là. J'étais le client au bord de la piscine qui se levait toutes les dix minutes pour filer aux toilettes fumer du crack. Le client assis tout seul au bar qui dépensait 400 dollars sans même avoir payé à boire à qui que ce soit. Le personnel devait se demander : « Mais comment ce type tient encore debout ? » J'avais beau croire que je maîtrisais la situation, personne n'était dupe. Au bout de quatre ou cinq jours, quand j'appelais la réception pour réserver une nuit de plus, on me disait que l'hôtel était complet. Ils étaient tous polis, bien élevés. On ne m'a jamais officiellement expulsé, bien que le Chateau Marmont ait fini par me mettre sur sa liste noire d'arsouilles notoires, aux côtés de gens comme Britney Spears – c'est vous dire à quel point j'étais incontrôlable.

Et à présent le Petit Ermitage me priait de libérer ma chambre avant onze heures du matin. C'était impossible de ramasser tout mon bazar à temps et je ne savais pas où aller. J'ai demandé un sursis jusqu'à treize heures, puis quinze heures. Entre-temps, je me suis installé sur une chaise longue au bord de la piscine, à l'ombre, pour réfléchir à ce que j'allais faire. Je m'éclipsais toutes les vingt minutes pour fumer dans ma chambre. J'ai finalement demandé au portier de venir m'aider à rassembler mes affaires et me les garder à la réception.

À un moment, un jeune homme soigné aux airs d'artiste s'est installé sur une chaise longue à côté de moi et a engagé la conversation. Il avait déjà essayé la veille, je lui avais bien fait comprendre que je n'avais envie de parler à personne. C'était un petit monde très L.A., avec lequel je ne voulais rien avoir à faire – en trois ans, je ne m'étais fait aucun ami, hormis dans le milieu de la drogue. Mais voilà qu'il revenait à la charge. Cette fois, il était accompagné d'une grande blonde qui était le sosie de Daryl Hannah et d'un ami photographe. De toute évidence, il avait forcé sur les cocktails. « Voilà la personne la plus intéressante de la piscine, a-t-il lancé en s'asseyant. Racontez-moi un peu, vous faites quoi ? » m'a-t-il demandé avant de me raconter ses propres débuts prometteurs de peintre et de sculpteur. Je hochais la tête de temps en temps : j'avais probablement déjà descendu un litre de vodka, fumé du crack nonstop et quasiment pas fermé l'œil depuis plusieurs jours.

Je ne sais pas combien de temps il a continué à bavasser. La seule chose dont je me souvienne, c'est que soudain l'un des trois a dit à un autre : « Tu sais qui il devrait rencontrer, Hunter ? Ta copine Melissa. » Ils sont tous tombés d'accord et ont insisté pour que je prenne son numéro de téléphone. Je ne l'ai pas noté ; je leur ai dit que j'avais une bonne mémoire pour les numéros. Puis des amis à eux sont arrivés et ils m'ont laissé. J'ai continué à chercher sur mon portable un endroit où passer la nuit. Quand je me suis levé, le sosie de Daryl Hannah m'a demandé de répéter le numéro de Melissa. À ce stade, c'est à peine si je me souvenais comment je m'appelais. Alors elle a sorti un stylo de son sac en souriant et l'a noté sur ma main.

Une heure plus tard environ, j'ai pris une chambre au Sunset Marquis, à un kilomètre de là, et recommencé à boire et fumer. Aux alentours de minuit, j'ai remarqué le numéro écrit dans ma paume et envoyé un texto à ladite Melissa pour lui suggérer qu'on se retrouve pour boire un verre. Je suis sûr que mes intentions n'étaient pas très orthodoxes. Sa réponse a été rapide, polie et sans détour : « Non merci. Je dors. » Je suis allé prendre une douche et sous l'eau le numéro s'est effacé. Une chose est sûre, mon cerveau de cracker ne l'avait pas retenu. Je me suis séché et j'ai repris mon doseur.

Si c'était une histoire plus plausible – un film qui suivait l'arc narratif de mon personnage jusqu'à son issue vraisemblablement tragique –, mon avenir se serait arrêté là.

Il aurait coulé irrémédiablement entre mes doigts avec le numéro de Melissa.

Au lieu de quoi elle m'a envoyé un texto le lendemain matin. Elle me proposait de prendre un café ; ses amis l'y avaient encouragée. Je lui ai répondu que je pouvais la retrouver à onze heures au bar du Sunset Marquis. J'ai attendu à une table jusqu'à ce qu'elle me renvoie un texto pour me dire qu'elle avait du retard et me demander si on pouvait se voir à treize heures. Un peu plus tard, elle m'a suggéré plutôt seize heures.

Étonnamment, je n'étais pas encore dans le coltard ; pour des raisons qui m'échappent encore, j'avais à peine bu et fumé de la journée, contrairement à tous les autres jours depuis mon arrivée à Los Angeles. Pour commencer, je n'avais pas donné ma nouvelle adresse à ma troupe ambulante de vampires. Mon seul contact humain de la journée serait donc une personne normale : Melissa. Mais sur le coup de dix-sept heures, toujours personne. Elle m'a renvoyé un texto pour s'excuser de ces contretemps à répétition et me promettre d'être là à dix-sept heures quinze, pour dîner cette fois.

Je suis allé m'installer dans la salle du restaurant sans plus vraiment savoir pourquoi, si ce n'est que je m'étais fourré dans un pétrin et que je n'avais plus qu'à attendre qu'il vire au désastre. Cela faisait quatre ans que je fonctionnais comme ça, de toute façon. J'avais tout de même pris une douche et mis un jean et un blouson également en jean – ce que Beau et moi appelions le « smoking canadien ». C'était mon premier rendez-vous avec une femme depuis vingt-six ans. Ma relation avec Hallie appartenait à une tout autre catégorie et les filles que j'avais connues lors des frasques que j'avais pu commettre depuis mon divorce n'étaient pas du genre avec qui on sort en amoureux. Nous nous contentions plus ou moins de satisfaire nos pulsions. Je n'en suis pas fier. C'est la raison pour laquelle j'ai contesté devant la justice les accusations d'une femme de l'Arkansas qui disait avoir eu en 2018 un enfant de moi – je ne gardais aucun souvenir de notre rencontre. C'est dire à quel point j'avais peu de relations avec les gens. J'étais une épave, mais une épave que j'assume à présent.

Quoi qu'il en soit, ce jour-là, j'étais à mille lieues d'imaginer que cette invitation de Melissa à prendre un café – transformé en déjeuner, et enfin en dîner – puisse aboutir à quelque chose. Je n'avais pas envie de m'engager dans une relation et encore moins une relation sérieuse. J'avais juste envie de disparaître.

En passant devant la terrasse du restaurant, qui était nichée au cœur d'une sorte de jardin secret à la végétation luxuriante, j'ai remarqué une femme assise seule à une table. Nimbée de la douce lumière printanière de Los Angeles, d'énormes lunettes de soleil remontées sur une chevelure blond miel, dévoilant des yeux immenses d'un bleu extraordinaire, celle que j'ai supposé être Melissa a regardé dans ma direction et m'a lancé un grand sourire spontané. J'ai été terrassé. C'était un sourire chaleureux et plein de candeur. Une décharge m'a parcouru – je ne me souvenais pas avoir jamais éprouvé un pareil électrochoc sans que le crack y soit pour quelque chose. C'était grisant. Un vrai flash.

Je me suis dirigé vers l'entrée du restaurant puis me suis faufilé entre les tables en entendant claquer la semelle de mes boots. Des petites guirlandes lumineuses étaient accrochées entre les arbres qui bordaient un mur en terrasse. Nous avons tous les deux souri quand je me suis assis. J'ai pris la parole le premier : « Vous avez exactement les mêmes yeux que mon frère. » Et peu après je n'ai pas pu m'empêcher de lâcher : « Je sais que ce n'est pas la meilleure façon de commencer un premier rendez-vous, mais je suis amoureux de vous. » Elle a ri. Là encore, c'était électrique. Quand le serveur est venu nous demander ce qu'on voulait boire, je lui ai dit que Melissa avait sans doute besoin de quelque chose de fort « parce que je viens de lui dire que je suis amoureux ». Nous avons éclaté de rire tous les trois. Une heure plus tard, Melissa me disait qu'elle était amoureuse de moi. Une heure après, je lui disais que j'étais accro au crack. « Ça, c'était avant. Maintenant, c'est fini », a-t-elle rétorqué sans broncher. Je me suis contenté de répondre : « OK. »

Je ne savais pas ce que je voulais dire. On atteint un stade dans la dépendance – et je l'avais clairement atteint – où on croit ne plus jamais pouvoir être dans une relation saine et enrichissante. On a accumulé trop de failles. Dès qu'on dit ce qu'on est – dans mon cas, un cracker –, les gens ont une peur bleue. Ils se protègent émotionnellement, mentalement et à juste titre, indépendamment de l'opinion qu'ils ont de nous. Dans mon cas, on pouvait également ajouter un divorce compliqué, une liaison médiatisée et une campagne de dénigrement lancée contre moi par la Maison Blanche. Il suffisait de taper mon nom sur Google pour avoir envie de prendre ses jambes à son cou.

Et pourtant, en un instant, j'ai compris une chose : j'en avais fini avec ce que j'étais venu faire en Californie. Je suis passé du renoncement à toute idée d'essayer encore une fois de décrocher, de vivre à la certitude que j'en avais terminé de ce qui m'empêchait d'essayer et l'un et l'autre. J'avais en face de moi une femme d'une beauté sublime, vêtue d'une chemise en denim bleu pâle et d'un jean, parlant avec un magnifique accent sud-africain, et si intrépide qu'elle ne s'était pas enfuie en courant quand je lui avais dit que j'étais follement amoureux d'elle puis que j'étais accro au crack. J'étais conquis.

Je sais bien que ça l'air fou, mais j'en étais sûr à cent pour cent : je n'avais aucune appréhension, juste la certitude que c'était peut-être ma dernière chance. Le fait d'avoir suffisamment confiance en moi pour annoncer à une femme que je voulais passer le reste de ma vie avec elle et lui avouer ma toxicomanie était une manière de dire : « Sur le dernier point, il va falloir que tu m'aides. » Je n'ai pas été surpris une seule seconde que Melissa ne se dérobe pas. Dès l'instant où j'ai plongé dans ses yeux, j'ai su que tout irait bien.

Cracker, alcoolique, abonné aux unes de tabloïds, défouloir politique – tout cela faisait tellement partie de mon identité qu'il me semblait impossible de trouver un jour quelqu'un qui puisse dépasser ces facettes de moi-même. Et pourtant Melissa n'a pas flanché. Elle n'a manifesté ni choc ni dégoût. Je lui ai parlé de ma toxicomanie et de mon alcoolisme. Je lui ai parlé de mon divorce et de Hallie. Je lui ai parlé de mon frère, de ma maman, de ma petite sœur, de mon chagrin. Je lui ai parlé de mes souffrances, de ce que les AA appellent le « vide infini » que je ressentais en moi. J'ai décrit sans fard la vie que j'avais menée ces quatre dernières années et encore avant. Melissa m'écoutait avec attention. Pour elle, la dépendance n'avait rien de stigmatisant. Elle connaissait tant de gens qui l'avaient combattue et était déterminée à mener la bataille avec moi. Elle voyait l'addiction comme quelque chose que l'âme devait surmonter, avant de s'en débarrasser pour pouvoir passer à autre chose de plus intéressant. Les revers n'étaient pas la fin du monde. Elle interprétait par le karma ce que Beau voyait comme une partie d'un processus, mais dans le fond cela revenait au même. Je me sentais entre de bonnes mains.

Melissa m'a alors raconté son histoire. C'était une activiste de trente-deux ans qui parlait cinq langues, dont l'italien et l'hébreu, et une réalisatrice de documentaires en herbe qui avait vécu un certain temps avec des tribus africaines indigènes qu'elle avait filmées. Quand elle était petite, elle avait été placée dans un foyer pendant un an, avant d'être adoptée par une famille sud-africaine de Johannesburg qui avait trois garçons. Après ses études à l'université, elle avait pris une année sabbatique et était venue à Los Angeles pour rendre visite à des amis avant de partir en Inde, mais elle était finalement restée aux États-Unis, car elle était tombée amoureuse et s'était mariée. Ça n'avait pas duré. Quelques semaines à peine auparavant, elle avait rompu avec quelqu'un qui avait partagé sa vie pendant deux ans. En fait, m'a-t-elle expliqué, si ce jour-là elle avait reporté notre rendez-vous à plusieurs reprises, c'est parce qu'elle rentrait d'Atlanta où elle était allée voir son frère ; il l'avait consolée de la fin d'une relation dont elle aurait dû sortir bien plus tôt, elle le savait. J'ai appris par la suite qu'elle m'avait confié ce soir-là des choses dont elle n'avait jamais parlé à personne.

Nous remarquions à peine le serveur quand il venait à notre table – j'imagine que nous avons bu et mangé. Au bout de deux heures, nous discutions de la vie dont nous rêvions l'un et l'autre. Puis nous n'avons pas tardé à évoquer celle que nous pourrions avoir à deux. Nous étions d'accord sur le fait que nous voulions rester en Californie. Quand je lui ai parlé de mes trois filles, elle m'a dit qu'elle aimerait avoir un enfant un jour. Peu après, nous avons parlé de la possibilité de le faire ensemble. Cela a duré ainsi pendant plus de trois heures. C'était intense, franc, absolument envoûtant – Melissa m'a dit ensuite qu'elle avait eu l'impression de retrouver un ami de toujours qu'elle avait perdu de vue pendant des années. J'étais totalement à l'aise, à nu, subjugué.

Quand nous sommes partis, les guirlandes accrochées dans les arbres autour de nous scintillaient dans le crépuscule. C'était féerique. J'ai accompagné Melissa au Chateau Marmont où elle avait rendez-vous avec une amie – heureusement, je n'ai eu droit qu'à un signe de tête et un petit sourire de la part d'un des voituriers – puis nous sommes allés à une soirée d'anniversaire d'une autre de ses amies dans un restaurant mexicain du quartier. Tout le monde était rassemblé autour d'une grande table. Au milieu de ces visages inconnus, j'ai soudain senti un tressaillement familier. J'étais plongé dans une telle extase pendant le dîner que je n'avais pas fumé de la soirée. Depuis que j'avais atterri à L.A., c'était la première fois que je passais autant de temps sans toucher au crack. Avant de m'asseoir, j'ai dit à Melissa que j'allais rapidement acheter un cadeau pour son amie.

Je suis rentré à l'hôtel et suis monté dans ma chambre. Avant de chercher le doseur, je me suis installé dans un fauteuil, près de la fenêtre, j'ai poussé un long soupir songeur et j'ai fermé les yeux un instant, le temps d'assimiler tout ce qui s'était passé ce soir-là. Quand je les ai rouverts, il était plus de sept heures du matin. J'étais paniqué. Je croyais avoir raté ma seule chance de salut. J'ai vu le texto que Melissa m'avait envoyé la veille au soir, peu après que j'avais quitté le restaurant : « Tout va bien ? » Je lui ai répondu aussitôt que j'étais vraiment désolé, que j'étais rentré à l'hôtel épuisé et m'étais endormi. Je lui ai promis que je n'avais pas fait exprès. Quinze longues minutes plus tard, j'ai reçu : « L'essentiel, c'est que tu ailles bien. Tu as quelque chose de prévu, aujourd'hui ?

– Te voir ? » ai-je répondu, plein d'espoir. Melissa m'a demandé si je voulais passer chez elle puis aller prendre le petit-déjeuner quelque part. J'ai foncé et me suis excusé cinquante fois de lui avoir fait faux bond. Elle m'a assuré que ce n'était rien. Nous nous sommes assis une minute sur le canapé de son modeste deux-pièces d'un immeuble en stuc rose situé juste en face du Petit Ermitage, dont la piscine entourée de verdure était visible de la passerelle qui se trouvait devant chez elle, au troisième étage. J'ai posé la tête sur ses genoux et ne me suis réveillé que le soir. Quand j'ai ouvert les yeux et vu qu'elle était toujours là, je me souviens lui avoir dit avec un soulagement incroyable, sans arrière-pensée ni exagération : « C'est la première fois que je dors depuis trois ans. »

À partir de ce jour-là, Melissa m'a remis sur pied. M'a ramené à la vie.

Elle a commencé par me prendre mon téléphone, mon ordinateur, mes clés de voiture et mon portefeuille. Elle a effacé tous les contacts de mon portable, à part ceux de ma mère, mon père, mes tantes ou mes oncles. Membres de gang, videurs, voituriers – disparus. Tous ceux qui n'étaient pas de la famille sont passés à la trappe. Quand j'ai protesté que des amis de toujours étaient supprimés au passage, Melissa m'a calmement rétorqué que s'ils étaient réellement des amis de toujours, ils trouveraient bien le moyen de me joindre. Elle a modifié le mot de passe de mon ordinateur sans me donner le nouveau, pour s'assurer que je sois obligé de passer par elle pour m'en servir.

Elle a jeté tout mon crack. Je ne pouvais pas aller aux toilettes sans qu'elle m'accompagne, certaine que j'en avais caché là. C'était le cas. Je me réveillais au milieu de la nuit et elle me suivait dans le salon. Je lui certifiais que tout allait bien et que je n'arrivais simplement pas à dormir, espérant qu'elle retournerait se coucher. Je voulais juste m'échapper une minute pour chercher d'éventuels résidus de produit dans mes bagages. Je n'avais pas réalisé qu'elle avait déjà retourné tous mes sacs et jeté tout ce qui ressemblait de près ou de loin à de la drogue, de l'Advil à mon Lexapro inutilisé.

Les vautours n'ont pas tardé à retrouver ma trace. Leur vache à lait leur manquait. Ils ont dit que je leur devais de l'argent et essayé d'intimider Melissa en la menaçant de représailles si je ne payais pas. Elle a été impitoyable. Elle a examiné tous mes comptes en banque, vérifié mes dépenses une à une, comme ces achats d'une valeur de 15 000 dollars dans un Best Buy de la vallée de San Fernando, à deux pas de là où habitait un de mes dealers. Puis elle a expliqué sans se démonter à mes anciens compagnons de débauche que si jamais ils venaient chez elle ou essayaient de me contacter à nouveau, elle appellerait la police et ferait de leur vie un véritable enfer. La belle Sud-Africaine aux yeux bleus insondables n'y est pas allée par quatre chemins. Elle a changé mon numéro, et en l'espace de quelques semaines nous a trouvé une maison nichée dans les hauteurs de Hollywood Hills. Elle a fait en sorte que je n'aie plus aucun lien avec le monde de la drogue.

Tout reposait sur les épaules de Melissa. Ce n'est pas une partie de plaisir de surveiller et de gérer un toxicomane. Cela demande un travail considérable, pénible et effrayant. Personne n'a envie d'être un garde-chiourme et Melissa était emprisonnée tant qu'elle jugeait nécessaire que je le sois. Elle devait supporter mes lamentations, mes pleurs et mes stratagèmes. J'ai essayé de négocier un sevrage progressif du crack. Hors de question. Mais elle a tout de même accepté de me sevrer en douceur de l'alcool en m'autorisant tout d'abord trois verres par jour, puis un, puis zéro tout en faisant venir un médecin pour me faire une injection destinée à pallier d'éventuels déficits nutritionnels et m'aider à décrocher. Quand j'essayais de tricher, elle me chopait. J'ai usé de toute ma force de persuasion pour tenter de la convaincre que c'était injuste de m'obliger à décrocher du crack d'un coup – que c'était même dangereux. Elle m'a dit que je bluffais.

Je ne suis jamais parti en courant, ne lui en ai jamais voulu de prendre ainsi les choses en main. Je savais qu'elle me sauvait la vie. J'étais sûr que si elle me laissait mes clés, mon portefeuille et mon portable pendant qu'elle allait faire les courses, je replongerais. La gratitude que j'éprouvais ne faisait qu'approfondir un lien qui était déjà plus profond que tout ce que je pouvais imaginer. Je suis certain que personne dans mon entourage n'aurait été capable de faire ce qu'a fait Melissa. Non par manque d'effort ni d'amour. À ce moment-là, j'exigeais l'impossible : un étranger à l'âme familière. Melissa.

Quand j'ai compris qu'il ne restait plus aucune trace des substances que j'avais introduites consciemment ou inconsciemment dans son appartement en arrivant – plus rien entre les pages des livres rangés sur les étagères, près de la porte, ou sous le skateboard appuyé contre un mur –, j'ai fini par dormir par intermittence trois jours d'affilée. Le quatrième jour, en me réveillant, j'ai demandé à Melissa de m'épouser. Ce n'était pas tout à fait aussi direct. J'ai profité d'une conversation où nous parlions de notre avenir pour lâcher l'air de rien, comme un ballon d'essai : « On devrait se marier ! » Puis nous sommes allés au Shamrock Social Club, un salon de tatouage branché de Sunset Boulevard en face du Roxy, et un artiste m'a tatoué « Shalom » en hébreu à l'intérieur du bras gauche, exactement comme le tatouage de Melissa – en une sorte de gage de fiançailles. Le lendemain, nous étions en train de parler dans la cuisine quand j'ai littéralement mis un genou à terre et déclaré : « Veux-tu m'épouser ? » Melissa a souri, m'a embrassé puis m'a un peu freiné : « Oui, mais on va attendre le bon moment. » Je lui ai demandé de me prévenir quand il arriverait. Lorsqu'on s'est réveillés le lendemain matin, sept jours après notre rencontre, elle s'est tournée vers moi et m'a dit avec douceur : « Tu sais quoi ? Allons-y. »

J'étais aux anges. J'avais quarante-neuf ans, j'étais clean et je redécouvrais le monde. Je voulais à nouveau en faire partie.

Pour se marier aussi rapidement, j'ai pensé que la seule solution était d'aller dans le Nevada, à quelques heures de là. Mais après avoir cherché sur le Net, j'ai découvert que nous pouvions le faire le jour même en Californie. Je me suis empressé d'aller nous acheter de simples alliances en or et j'ai cherché une agence locale de mariage tout-en-un. Comme son nom l'indiquait, Instant Marriage L.A. proposait une formule de mariage rapide – licence, célébrant, pasteur de permanence si on choisissait d'utiliser leur chapelle d'Encino (capacité : vingt invités). J'ai téléphoné et demandé si quelqu'un de l'agence pouvait venir chez Melissa le soir même. On était déjà au milieu de l'après-midi et la responsable, une immigrée russe du nom de Maria Kharlash, m'a répondu qu'elle s'apprêtait à fermer mais pouvait s'en charger le lendemain. J'ai offert de payer un supplément, et Maria est venue de la vallée de San Fernando en pleine heure de pointe.

Cette décision ne m'a jamais semblé irréfléchie, insensée ou imprudente. Elle me paraissait urgente. J'avais l'impression d'avoir obtenu un sursis. J'éprouvais la chance stupéfiante de celui qui avait accepté de prendre un café avec une femme alors qu'il lui était presque impossible de sortir d'une chambre d'hôtel sans son doseur à la main et qui avait eu un coup de foudre au premier regard. Ah, ce premier regard… Je m'aperçois à présent que ce qui m'a terrassé alors c'était l'air réfléchi que je voyais dans les yeux de Melissa. Elle me regardait comme mon frère m'avait toujours regardé, comme mon père m'avait toujours regardé (jusqu'à ce dernier face-à-face effrayant dans son allée) : avec amour, admiration, émerveillement. Elle a vu la souffrance et le traumatisme en moi et pourtant elle est tombée aussitôt amoureuse.

Ce qu'il y a de plus insidieux dans la dépendance, ce qui est le plus difficile à surmonter, c'est de se réveiller le matin en étant incapable de voir la meilleure part de soi-même. Beau et mon père voyaient ce que j'avais de meilleur en moi, même dans mes pires moments. Quand je les regardais, j'avais l'impression de me regarder dans un miroir qui me renvoyait non pas l'image d'un alcoolique ou d'un toxicomane mais celle d'un homme au mieux de sa forme. Je n'ai jamais pensé que Beau craignait que je ne m'en sorte pas. Je n'ai jamais pensé qu'il n'avait pas confiance en moi. C'est ce qui nous soudait. Lorsque j'ai vu Melissa ce jour-là au Sunset Marquis, j'ai soudain mesuré combien ce regard m'était indispensable.

Je me souviens du jour où je ne l'ai plus vu dans les yeux de Kathleen – c'est très précisément en 2014, après mon renvoi de la réserve de la Navy pour avoir été contrôlé positif au test de dépistage. Lorsque, quelques semaines à peine après la mort de Beau, au lendemain de notre anniversaire de mariage, Kathleen a dit devant la conseillère conjugale : « Je ne te pardonnerai jamais », c'est devenu évident. J'ai subitement réalisé que je n'avais aucune chance de pouvoir surmonter ma douleur. Et c'est là que j'ai décidé d'aller boire un verre. Quand vous voyez de tels doutes dans les yeux de la personne que vous êtes censé aimer plus que tout, cela vous anéantit. Avec le recul, ça aurait été un enfer de vivre avec quelqu'un qui soit incapable de me pardonner tout en prétendant le contraire. Et je commençais enfin à comprendre ce que Beau essayait de me dire : cela aussi faisait partie du processus.

Vers dix-huit heures, le 17 mai 2019, juste avant que Maria n'arrive chez Melissa, j'ai appelé mon père pour le prévenir que je me mariais. Il a mis une petite minute à encaisser la nouvelle – personne dans la famille ne savait même que j'avais rencontré quelqu'un – mais il s'est ressaisi, comme à son habitude. Dans les moments les plus importants, il se montre toujours à la hauteur de la situation. Il était ravi que j'aie l'air aussi heureux. « Je savais que tu me reviendrais quand tu retrouverais l'amour, mon chéri. » Je sentais dans sa voix son regard réfléchi. « Je n'ai jamais manqué d'amour, papa, lui ai-je répondu. Et la seule chose qui m'ait permis de le voir, c'est le fait que tu ne m'aies jamais laissé tomber – que tu aies toujours cru en moi. »

Puis j'ai passé le téléphone à Melissa. Reprenant les mots que sa grand-mère avait dits à la professeure de lettres qu'il avait épousée cinq ans après être devenu veuf, il lui a dit d'une voix douce, chaleureuse et accueillante : « Merci de donner à mon fils le courage d'aimer à nouveau. »

La cérémonie en elle-même était d'un surréalisme comique : quelques papiers à signer, quelques mots à dire et nous serions mariés ! Elle s'est déroulée sous l'auvent de la terrasse aérée de l'appartement. Hormis Maria et nous deux, la seule autre personne présente était le photographe du petit groupe de la piscine qui avait insisté pour que je rencontre Melissa – et il se trouvait là par hasard. Il avait téléphoné juste avant la cérémonie, ignorant tout de nos projets, pour nous dire qu'il passait devant chez nous et voulait juste prendre des nouvelles. Melissa lui avait demandé de monter sans lui expliquer pourquoi. Quand il était arrivé, nous l'avions enrôlé pour prendre des photos du mariage.

Vêtue d'une élégante combinaison blanche qu'elle avait sortie de son placard quelques minutes auparavant, Melissa était absolument sublime. Sur la terrasse, le soleil couchant la nimbait de lumière. J'avais enfilé un blazer bleu, une chemise blanche et un jean, après avoir hésité à me mettre en smoking canadien, comme le jour où nous nous étions rencontrés. La procédure a duré une dizaine de minutes. Nous avons échangé des vœux improvisés en parlant de notre amour et de notre engagement, puis, avec un accent russe qui conférait à chacune de ses paroles une solennité surannée, Maria a prononcé les formules réglementaires en vigueur dans l'État de Californie.

Voilà, nous étions désormais mari et femme. Cela ne changeait strictement rien à notre relation, si ce n'est qu'elle était à présent officielle. Nous n'avions pas l'intention d'en parler à qui que ce soit, à part nos parents, mes filles et quelques amis proches. Mais nous avions conscience que les tabloïds ne tarderaient pas à se déchaîner.

Durant la cérémonie, nous ne nous sommes pas quittés des yeux. Les collines de Hollywood qui s'empourpraient à l'est, les gratte-ciel du centre-ville au sud, les goélands d'un blanc immaculé virevoltant autour des palmiers qui se découpaient dans le ciel alors que le soleil orange sombrait dans le Pacifique – ce soir-là, je n'ai presque rien vu de tout cela. Je me contentais de plonger mon regard dans les yeux bleus de Melissa et j'étais reconnaissant de ce qu'ils me renvoyaient. Nous étions là, tous les deux, en cette belle soirée californienne, faisant abstraction de tout le reste, imperméables aux rumeurs de Washington qui continuaient de bruisser.

Après avoir parlé à mon père, j'avais dû retarder la

célébration de quelques minutes pour prendre un appel de mon avocat : Trump m'avait attaqué cet après-midi-là sur Fox News en exigeant une nouvelle enquête sur Burisma, alors que le nouveau procureur général d'Ukraine avait annoncé le jour même qu'il n'avait trouvé aucune preuve étayant les accusations démentielles de Giuliani. J'avais secoué la tête, raccroché, et m'étais marié.

« Où est Hunter ? » J'étais là. Et sacrément là.

ÉPILOGUE

Cher Beau

Cher Beau,

Où es-tu, mon pote ? Tu me manques tellement. Tu n'as jamais été loin de mes pensées depuis la dernière fois que je t'ai tenu la main. Je te promets que je fais de mon mieux, mais j'aimerais tellement que tu sois là pour me serrer dans tes bras et me dire que tout ira bien. Ton absence ne s'est jamais fait aussi cruellement sentir que le soir où notre famille a rejoint notre père sur la tribune après son discours de Président élu. Il a réussi, Beau ! Il a battu un sale type chargé d'une sale mission et cela sans jamais s'abaisser au niveau d'abjection sans précédent atteint par l'opposition.

Dès qu'on a compris qu'il avait gagné, j'ai repensé à la longue discussion que nous avions eue, papa, toi et moi, la première fois qu'il s'était présenté à l'élection présidentielle, à l'époque où nous étions encore adolescents. Je nous revois débattre avec passion de la question de savoir si l'on pouvait devenir Président tout en restant fidèle à soi-même et à ses principes, ou si l'on était forcé de recourir aux pratiques occultes du dénigrement et à une politique cynique et intéressée.

Nous avions la certitude que notre père pouvait être élu à la plus haute fonction du pays tout en respectant les principes qui faisaient de lui l'homme qu'il était. Certes, cela a pris du temps. Bien qu'il ait eu de multiples occasions durant cette élection de rendre la pareille à son adversaire – attaquer les enfants aînés de Trump et sa famille, exciter les fous –, il s'est abstenu de le faire.

Alors que je me tenais sur cette tribune avec ton petit homonyme de sept mois, que papa m'a pris des bras au moment où les feux d'artifice illuminaient le ciel, je ne pensais qu'à la fierté que tu aurais éprouvée.

Tu aurais adoré la soirée électorale aussi, même si j'imagine qu'elle t'aurait rendu dingue, d'autant que le décompte des voix a pris des jours et des jours. Cependant, un des avantages d'avoir dû patienter aussi longtemps avant la proclamation de la victoire, c'est que nous avons tous attendu chez les parents – Melissa et le petit, mes filles, Natalie et Hunter, Ashley et Howard. Non seulement nous attendions ensemble, mais nous étions en quarantaine. Il était impossible d'échapper les uns aux autres.

J'ai passé l'essentiel de la première soirée avec Hunter sur le canapé de la salle d'en bas, devant la grande télé, tandis que le reste de la famille allait et venait. Les premiers résultats étaient confus : on montait, on descendait ; on gagnait l'Ohio, puis on le perdait. Toute la soirée, nous nous sommes regardés, Hunter et moi, en échangeant des commentaires sur le mode : « C'est horrible ! Pourquoi on s'inflige ça ? ». Mais évidemment, on était ravis. On hurlait à Natalie de s'asseoir pour qu'on puisse voir l'écran, comme quand je te tombais dessus parce que tu monopolisais la télécommande. Ils sont tellement drôles, ils ont tellement mûri, Beau.

Mes filles assumaient chacune leur rôle. Maisy faisait rire tout le monde avec ses commentaires ironiques. Finnegan se montrait d'une grande perspicacité. Elle était assise entre les parents et suggérait à papa des modifications à apporter aux déclarations qu'il faisait pour informer ses soutiens et le reste du pays au fur et à mesure de la soirée et des jours suivants. Finnegan avait suffisamment confiance en elle pour s'exprimer, alors que Ron Klain, Mike Donilon et tante Val donnaient également leur avis au téléphone qui avait été mis sur haut-parleur. Et puis il y avait Naomi – tu adorerais Naomi : elle a un calme impressionnant, de l'élégance, de la grâce et un humour pince-sans-rire incroyable. Tu leur manques tellement, Beau.

La soirée s'est déroulée exactement comme tu l'aurais voulu. C'était l'aboutissement de ce que tu avais dit un jour à papa : quoi qu'il arrive, il ne pouvait pas renoncer. Tu ne voulais pas dire qu'il devait nécessairement continuer à se présenter aux élections présidentielles, mais qu'il devait conserver la détermination qui soude notre famille.

D'un bout à l'autre de la campagne, Trump s'en est pris avec une violence inouïe à nous tous. Mais loin de nous déchirer, cette avalanche d'attaques a eu l'effet inverse : elle nous a ressoudés. Ce premier soir, quand les médias ont déclaré Trump vainqueur en Floride et dans l'Ohio et que nous étions à la traîne dans le Michigan, le Wisconsin et en Pennsylvanie, la famille ne s'est pas livrée à un règlement de comptes général. Nous sommes tous restés blottis ensemble sur le canapé. Victoire ou défaite, peu importe, cela n'y changerait rien.

Étant donné la situation dans laquelle je me trouvais un an et demi à peine auparavant, je me sentais heureux. Un peu avant minuit, alors que papa s'apprêtait à partir pour prendre la parole devant la foule de partisans venus en voiture qui klaxonnaient sur le parking, je lui ai répété ce que nous lui disions toujours : « Quoi qu'il arrive, nous avons déjà gagné. » Je compatissais avec lui, cependant : c'était une tâche immense que de se montrer confiant quand le monde entier en était encore à se demander comment cette élection pouvait être aussi serrée.

Quand je suis allé me coucher, à trois heures du matin, nous étions tous accablés par un sentiment d'appréhension. Melissa dormait déjà et j'ai passé le reste de la nuit à regarder le plafond. J'essayais de ne pas sombrer dans les idées noires, mais je ne pouvais pas m'empêcher de penser que ce que nous redoutions le plus, Melissa et moi, risquait d'arriver. Ces premières heures avant que la grande majorité de nos voix n'aient été comptées me semblaient périlleuses. Non seulement une victoire de Trump constituerait une menace pour la démocratie, mais elle me paraissait également capable de mettre en danger ma liberté personnelle. Si papa n'avait pas gagné, je suis certain que Trump aurait poursuivi ses agissements criminels à mon encontre.

Mais à mon réveil le lendemain, et le matin suivant, nous étions toujours unis et les élections étaient sur le point de basculer. Une des nombreuses choses que m'ait apprises Melissa, c'est que tout vient à point à qui sait attendre. Tant que je suis sobre, clean, en bonne santé et ouvert, l'avenir me sourira.

Quatre jours après l'élection, le samedi matin, par un soleil radieux, j'étais dans le jardin d'hiver avec mes trois filles, Natalie et Hunter, Melissa et le petit Beau, Ashley, Howard, Annie et Anthony, quand les médias ont déclaré mon père vainqueur en Pennsylvanie. C'était décisif. Les parents étaient sur le ponton, au bord de l'étang, et nous nous sommes tous précipités dans la véranda en criant à pleins poumons : « On a gagné ! Ça y est, on a gagné ! »

Ça a été un moment de soulagement, d'épuisement et de joie absolus. À la fin du décompte, notre père avait récolté plus de voix que n'importe quel président dans l'histoire américaine. Ce qui est encore plus extraordinaire, c'est le niveau de moralité et d'intégrité qu'il apporte à la présidence – exactement comme nous l'avions prévu tous les trois il y a de cela tant d'années. Ni papa ni moi ne l'avons dit. Ce n'était pas nécessaire. On s'est juste embrassés.

J'ai survécu, mon pote. Je sais que tout ce temps, tu étais à mes côtés. Ils s'en sont pris à moi par tous les moyens. Ils n'arrêtaient pas de répéter : « Où est Hunter ? » Mais il s'est avéré qu'ils m'ont rendu service sans le vouloir. Leur absurdité et la transparence de leurs méfaits étaient telles que j'en ai bénéficié. Chaque attaque ne faisait qu'accroître mon nouveau superpouvoir : la capacité d'absorber leur énergie négative et de m'en servir pour me fortifier. C'était une sorte d'aïkido politique. Chaque information bidon, chaque mail sorti de son contexte, chaque photo, chaque vidéo salace (fausse ou réelle) me rendait presque invulnérable à leurs coups et leurs invectives.

Ils ont persisté de plus belle, persuadés que je ne résisterais pas, que je finirais par replonger et qu'ils auraient ma peau. Mais ce qu'ils n'avaient pas prévu, Beau, c'est que tu as toujours été auprès de moi, sous la forme de Melissa et du petit Beau, de mes filles, de notre sœur, de nos oncles et tantes, de notre mère et notre père. Tout le monde. Ton amour et ta force étaient incarnés dans la force et l'amour dont j'étais entouré.

Cela n'a jamais été plus vrai que lorsque Giuliani, Bannon et leurs collaborateurs ont prétendu être en possession d'un ordinateur portable dans lequel étaient consignés les détails les plus scabreux de ma plongée dans la dépendance au cours des trois dernières années. Ce qui aurait dû être l'événement le plus stressant d'une campagne stressante de bout en bout a viré à la pantalonnade télévisée. À un moment, je me suis tourné vers Melissa et je lui ai dit : « On pourrait croire que ça me donnerait envie de boire, mais c'est bien la dernière chose à laquelle je pense. » À cet instant, j'ai su que, quoi qu'ils fassent, ils ne pourraient jamais m'enlever cette chose magnifique que j'avais construite. Quand ça a été fini, nous avons simplement poursuivi notre journée. Nous avons préparé le déjeuner. Puis nous avons emmené le petit Beau à la plage pour regarder le coucher du soleil.

Voici ce que je pense : si j'ai pu me moquer de tout cela et continuer comme si de rien n'était deux semaines avant l'élection la plus importante de notre vie, c'est grâce à tout l'amour que l'on m'a manifesté et que j'ai manifesté à mon tour. Parler à mes filles tous les jours, savoir que Melissa était toujours là à mes côtés, lever la tête de mon bureau et voir le sourire édenté du petit Beau fixé sur moi – je vivais ces moments-là pleinement, au lieu de patauger dans ce merdier auquel je ne pouvais rien. Je me réconfortais à l'idée d'être attaqué par des adversaires aussi méprisables. Quand on est agressé par des gens capables d'arracher un bébé qui tète aux bras de sa mère pour le mettre en cage dans un camp, on sait qu'on est du bon côté. Je savais que, si j'avais la force de surmonter leurs attaques et tenais bon, justice serait faite. Cela ne se passe pas toujours comme ça, mais cette fois ça a été le cas.

Papa n'a jamais flanché. La campagne a connu un tournant

lors du premier débat et ce débat a lui-même connu un tournant au moment où il a parlé de toi. Trump a joué la seule carte qu'il connaisse : l'attaque. La différence entre eux n'a jamais été aussi criante qu'à cet instant-là.

Nous savions qu'il s'en prendrait à moi. Alors avant le débat, j'avais dit à papa de ne pas esquiver quand Trump soulèverait la question. Je lui avais dit que je n'avais pas honte de ce que j'avais affronté pour surmonter ma dépendance, que des dizaines de millions de gens comprendraient parce qu'eux-mêmes ou quelqu'un qu'ils aimaient menaient le même combat. Non seulement cela ne me dérangeait pas qu'il en parle, mais j'étais convaincu que c'était nécessaire.

Il l'a fait. Alors que notre père rendait hommage à ton action en Irak en réponse aux informations selon lesquelles Trump avait traité des soldats américains morts au front de « losers » et de « minables », ce dernier l'a interrompu avec son insensibilité coutumière pour s'attaquer à moi. La riposte de papa, habile, pleine d'empathie, est gravée dans le marbre. « Mon fils, comme beaucoup de gens que vous connaissez chez vous, a connu des problèmes de drogue, a-t-il déclaré face caméra en ignorant Trump. Il les a surmontés, il les a réglés. Et je suis fier de lui. Je suis fier de mon fils. » Non seulement ces paroles ont désarmé Trump, mais elles ont réconforté et donné de l'espoir à des millions d'Américains. J'étais incroyablement fier. Tu l'aurais été aussi.

Je vis enfin la vie dont tu rêvais pour moi, Beau. Tu aurais adoré la Californie, tu aurais adoré l'endroit où je vis. Il y a tant de belles choses dont il faut se réjouir et chaque jour je m'efforce de penser à les regarder. Nous sommes confinés à cause de la pandémie, mais le monde extérieur ne me manque pas tant que cela. J'ai Melissa, le petit Beau et mes filles. J'ai toute la famille. J'écris. Je me suis remis à la peinture.

Je peins comme un fou. Ça m'a permis de conserver mon équilibre et, au début, d'éviter toute la faune malsaine du canyon. Ça a libéré quelque chose d'enfoui en moi qui essayait de resurgir depuis l'enfance, pour tout dire. J'ai enfin le temps, l'espace et la lucidité nécessaires pour l'explorer.

Aujourd'hui, je me réveille en même temps que le petit Beau, je me fais un café et je peins toute la matinée. Puis Melissa nous prépare à déjeuner. Parfois nous allons nous balader à pied, parfois nous prenons la voiture. Puis je passe tout l'après-midi à peindre, les mains et les bras couverts de bleu, de jaune et de vert. J'ai envie de créer.

Malgré toutes les œuvres que j'ai pu réaliser depuis l'enfance – et que tu es le seul à réellement avoir vues –, les carnets de croquis que j'ai remplis au fil des années, j'ai l'impression de m'être retrouvé. Que cela plaise ou non n'y change rien, ce n'est pas ce qui me pousse à peindre. Je peins de toute façon. Je peins parce que j'en ai envie. Je peins parce que j'en ai besoin. Notre maison est pleine de tableaux.

Cela fait partie d'un nouveau chapitre, une autre étape du processus. J'ai encore beaucoup de travail à effectuer sur moi-même, pour me débarrasser totalement de la dépendance et évacuer les décombres du passé. J'essaie de régler mes dettes – au sens figuré comme au sens littéral.

Je ne veux pas donner l'impression de croire que mes problèmes sont derrière moi et que tout va bien. Tu sais mieux que quiconque que j'ai déjà passé de longues périodes sans boire ni me droguer avant de rechuter brusquement. Je garde à l'esprit que cela peut être éphémère et fragile. Je garde à l'esprit le danger que je cours quand bien même je n'ai pas bu ni pris de drogue depuis des lustres. Mais cette fois, je ne suis pas suspendu à un fil : le désir, l'envie irrésistible de consommer a disparu.

Comme je l'ai appris lors de ma première cure en 2003, ce n'est pas compliqué de se sevrer, il suffit de tout changer. Pour moi, ce changement consiste notamment à ne plus céder au plaisir égoïste de réagir aux mêmes choses de la même façon. Je sais à présent que je ne peux pas m'offrir le luxe de rester en colère. Je ne peux pas m'offrir le luxe de m'apitoyer sur mon sort ou de me complaire dans ma frustration. Je ne peux pas m'offrir le luxe de me sentir blessé par des gens qui s'inquiètent pour moi, que leurs inquiétudes soient légitimes ou résultent de leurs propres problèmes. Je ne peux pas m'offrir le luxe de dire : « Et puis merde. »

Je parle tous les jours à des personnes qui sont sur le chemin de la guérison. J'ai mis en place un réseau de soutien de gens qui comprennent le combat pour le vivre eux-mêmes et où nous sommes égaux face à la dépendance. Il est rare que nous évoquions notre combat en détail. Nous nous contentons généralement de parler de ce qui nous réjouit, de ce qui nous énerve aux informations. Nous nous assurons de rester en contact au quotidien pour être disponibles en cas de crise. Même s'ils ont été bannis, les fantômes de la dépendance existent encore. J'en ai une peur salutaire.

Je me concentre sur nos enfants. Mon plus grand regret est d'avoir perdu le contact avec eux pendant un moment. Ça va mieux. J'ai l'impression que toutes les horreurs qui ont été dites à mon sujet n'ont fait que nous rapprocher et renforcer davantage encore leur loyauté. C'est pour nous l'occasion de renouer. J'aime ce qu'a écrit Hemingway : « Le monde brise les individus et, chez beaucoup, il se forme un cal à l'endroit de la fracture. » C'est ce que j'espère. Certaines blessures mettent plus de temps que d'autres à se refermer.

Ce que j'ai traversé – ce que j'ai fait –, je ne pourrai jamais l'effacer, jamais l'oublier. Mais j'apprends à vivre dans l'instant sans éprouver constamment de la culpabilité ou de la honte. Cela, je le dois à Melissa. À Naomi, Finnegan et Maisy. À notre famille. À toi.

Je n'ai plus peur de l'avenir, Beau. Je m'en suis aperçu quelques semaines avant l'élection. Au milieu de toutes les attaques obscènes contre moi, un ami a un jour lancé : « Ce serait génial si toute cette histoire se finissait bien, non ? » Et je me suis dit que c'était déjà le cas. Cela a commencé au moment où j'ai rencontré Melissa et enfin arrêté l'alcool et la drogue. Malgré la pression, malgré la difficulté de devoir faire face aux conséquences de mon irresponsabilité, l'histoire se finit bien. Mais cette fin heureuse n'est pas le terme ou la ligne d'arrivée – elle n'est que le début, le début d'une vie que je dois m'efforcer de conserver tous les jours, une vie que j'ai la chance de pouvoir vivre tant que je m'abstiens de boire et de me droguer.

Et quel incroyable cadeau que de vivre dans la lumière des belles choses.

Tu me manques tellement, mon pote. Je t'aime, je t'aime, je t'aime.

Hunter

REMERCIEMENTS

Merci à Drew Jubera, sans qui *Les Belles Choses* n'aurait jamais vu le jour, et à la remarquable équipe qui a porté ce livre : Andrew Chaikivsky, Laura Nolan et David Granger chez Aevitas, ainsi que Jack Kingsrud, Kevin Morris et George Mesires.

Merci à Aimée Bell et toute l'équipe de Gallery Books : Jennifer Bergstrom, Jennifer Long, Sally Marvin, Max Meltzer, Eric Rayman, Jennifer Robinson, Tom Spain, Jennifer Weidman, Sarah Wright et Laura Cherkas.

Merci à ma famille et à tous ceux qui m'ont soutenu tout au long de ce chemin vers la beauté.

Merci particulièrement à Naomi, Finnegan et Maisy. Et plus que tout : merci, Melissa, l'amour de ma vie.

Composition : IGS-CP
Impression : CPI Bussière en août 2021
Éditions Albin Michel
22, rue Huyghens, 75014 Paris
www.albin-michel.fr

ISBN: 978-2-226-46466-8
N° d'édition: 24569/01 – N° d'impression: 2057200
Dépôt légal: septembre 2021
Imprimé en France